史料から読み解く三河

【西尾市岩瀬文庫特別連続講座】

田島 公◆編
Tajima Isao

笠間書院

史料から読み解く三河

西尾市岩瀬文庫特別連続講座

目次

まえがき——三河の歴史の魅力と岩瀬文庫特別連続講座

愛知県のほぼ中央部を北から南へ流れる矢作《やはぎ》川流域の南端に位置する西尾市は、大給《おぎゅう》松平氏六万石の城下町であり、西尾茶など抹茶の生産地としても有名です。二〇一一（平成二三）年四月一日には、元禄赤穂事件の当事者の一人である吉良上野介義央《きらこうずけのすけよしなか》（寛永一八年［一六四一］～元禄一五年［一七〇二］）の知行地や吉良温泉などで知られる吉良町、三河湾内の佐久島《さくしま》も町域に含むが、矢作川三角州の先端に位置し全国ブランドのウナギの養殖やカーネーションの生産で知られる一色《いっしき》町、三河湾に臨む港や海水浴場で知られる幡豆《はず》町の、旧幡豆郡三町と西尾市は合併し、三河湾沿岸や同湾に注ぐ矢作川の河口地域も市域に編入し、名実ともに西三河地域の中心都市となりました。

合併後の新・西尾市の市域は、八世紀初頭に成立した律令制国家の行政区分では、三河国幡豆郡を中心に、碧海《あおみ》郡の一部を含み、天皇の食事の材料である「贄《にえ》」を貢進したことで知られる佐久島・篠《しの》島・日間賀《ひまか》島ももと幡豆郡でありまして（現在、篠島・日間賀島は知多郡南知多町［古代で言えば、尾張国知多〔智〕郡］に属します）、中世になりますと、吉良・一色の地名はともに足利氏の支族に由来するなど、長い歴史をもつ地域です。

三河国の歴史には古代・中世だけを対象としても関心を魅くことが多いので、以下、三河国の古代・中世史を少し概観してみましょう。

三河国は律令制国家の地方行政区分である五畿七道のうち、東海道の一国であり、西は尾張国（愛知県）、東は遠江国（静岡県）、北は美濃国（岐阜県）・信濃国（長野県）に接し、南は太平洋（三河湾・伊勢湾・遠州灘）に面し、尾張国との国境には境川が流れています。「三河」は「三川」・「参河」・「参川」とも表記されますが（「国号「ミカワ」はヤマト王権の大王が領有する川を示す「御川」＝矢作川に由来するという説も提唱されています）、出土木簡《もっかん》によって、大宝令以前には「三川」、大宝令以降、平城京の時代は「参河」（一部、「三川」「参川」）、長岡京以降は「三河」と表記されていたことが判ってきました。

三河国は、『先代旧事本紀《せんだいくじほんぎ》』巻十「国造本紀《こくぞうほんぎ》」や古墳の分布などによれば、矢作川流域を中心とした「参河国造《みかわのくにのみやつこ》」と豊川流域を中心とした「穂国造《ほのくにのみやつこ》」という二つの国造領域に分かれており、従来は、大宝元年（七〇一）の律令制国家の成立によって、三河国に統合されたと考えられてきました。しかし、石神遺跡《いしがみ》（奈良県明日香村）出土木簡の表記（「三川穂評穂里」）から、その統合は七世紀後半まで遡ることが判明しています。穂国造領域は穂評《ひょう》《こおり》を経て宝飫《ほい》郡（のち宝飯《ほい》郡と表記）に継承され、国府は宝飫郡に置かれました。律令制国家成立当初の三河国は、青海《あおみ》（のち碧海《あおみ》）・加茂《かも》（のち賀茂）・額田《ぬかた》・波豆《はず》（のち幡豆《はず》）・宝飫（宝飯）・八名《やな》・飽海《あつみ》（のち渥美）の七郡でしたが、延喜三年（九〇三）に宝飯郡から設楽《したら》郡が分かれ、八郡となりました。国内には都と三河国府及び東国とを結ぶ官道《かんどう》である東海道《とうかいどう》《うみつみち》が通っていました。伊場《いば》遺跡（静岡県浜松市）出土の奈良時代初期以前の木簡には、宮地・山豆《やまづ》奈《な》・鳥取という三河国内の駅家《うまや》名を記したものがあり、宮地駅家の前には判読不明の駅家名がもう一つ記され、更に正倉院文書《しょうそういんもんじょ》の内、天平勝宝《てんぴょうしょうほう》二年（七五〇）四月十九日付けの丹裏《にづつみ》古文書《こもんじょ》には「参河国額田郷山綱駅家戸主物部刀良」と見えます。これらの駅家名は『延喜《えんぎ》式《しき》』（十世紀前半成立）所載の駅家名の渡津・山綱・鳥捕とは一部異なっており、駅家に若干の変遷がありました。また矢作川には官営渡船が置かれておりまして、承和二年（八三五）に、従来、二艘であった渡船を四艘に増やす命令が出されています。官道のルートや三河国府・駅家の所在地も不明でありましたが、国府推定地の発掘調査や木簡の解読と歴史地理学の研究により謎も解明されつつあります。

古代・中世では、伊勢湾が現在よりかなり内陸に入り込み、濃尾平野を流れ伊勢湾に注ぐ木曽川・長良川・揖斐川の木曽三川の流路が激しく変動する低湿地を形成していたため、三河湾や伊勢湾を利用した海上交通の利用も盛んでした。天武天皇四年（六七五）に、麻續王《おみ》が「伊勢国伊良虞島《いらご》」に流されたと見えるように（『万葉集』巻一―二三）、渥美半島先端の伊良湖岬が伊勢国と表記され、近年、平城宮出土木簡から判明した三河国からも天皇の食卓に上がる海産物である「贄《にえ》」が海人集団から貢納されていた事実などから、三河国は海上交通を通じて伊勢・志摩両地域とも密接な関係があることが判ってきました。贄の国として三河の実態も、平城宮木簡の解明により明らかになりつつあります。

大宝二年（七〇二）の持統《じとう》太上天皇の三河行幸でも海路が利用されました。この行幸は、退位して、孫の文武《もんむ》天皇に譲位し、太上天皇として、文武を後見した持統帝が企てた最後の行幸です。十月十日に藤原宮を出発し、伊勢から海路をとり、三河まで赴いた行幸でありますが、遠江まで足を伸ばしたとの説もあります。帰路は尾張を経て、美濃にまで至り、伊勢・伊賀を経て、十一月二十五日に京に戻るものの、持統帝は十二月十三日には病を得て、二十二日に崩御します。三河に逗留すること約一ヵ月、十月十四日には大宝律令《りつりょう》の写本が諸国に頒布（配布）されるという政治的に重要なことが行われました。三河行幸は謎に満ちた出来事で、持統帝の行宮《あんぐう》の場所も行幸のルートも諸説あります。

また、伊勢神宮に奉納された赤引糸《あからひきのいと》や朝廷に献上された犬頭糸《いぬがしらのいと》など三河国は良質な生糸を産することで知られ、養蚕も盛んでした。関連してお話ししますと、延暦十八年（七九九）に漂着した崑崙人《こんろん》（天竺人《てんぢく》）が綿の種を日本に初めて伝えたのも三河国です（『日本後紀』）。もたらされた綿種は、翌年、南海道の紀伊・淡路・阿波・讃岐・伊豫・土佐などの諸国と大宰府で栽培されたということです（『類聚国史』巻一九九 崑崙）。伝えた崑崙人（天竺人）を綿神様としてまつるお祭り（棉祖祭《めんそさい》）が行われている全国唯一の神社・天竹《てんじく》神社が西尾市天竹町池田にあります。『三河国天竹神社社記』によれば、藤原定家の門弟であった衣笠内大臣藤原家良《いえよし》（建久三年［一一九二］～文永元年［一二六四］）の作とされる「敷嶋《しきしま》のやまと《（日本）》にはあらぬ　唐人《からひと》の　うゑ《（植）》てしわた《（綿）》の　種はたえ《（絶）》にき」という和歌にあるように、その後、途絶えてしまったと考える説がありますが、三河国に植えた綿は途絶えず、現在、愛知県内で栽培されている綿はこの時もたらされた綿であるという説もあります。

国分寺・国分尼寺は、国府に隣接し、宝飫郡にあり、現在の豊川市八幡町に確認され、特に国分尼寺跡は史跡公園として保存され、中門と廻廊の一部などの復原もなされています。近接する三河天平の里資料館には三河国府跡・国分寺跡・国分尼寺跡などに関するパネル解説や出土品が展示されています。国内には式内社が二六座あり、一宮は砥鹿《とが》神社（宝飫郡［宝飯郡］。現・豊川市一宮町）、二宮は知立《ちりゅう》神社（青海郡［碧海郡］、現・知立市）、三宮が猿投《さなげ》神社（加茂郡［賀茂郡］、現・豊田市）です。知立神社には永正六年（一五〇九）築の多宝塔

（重要文化財）があり、猿投神社には鎌倉期・南北朝期の奥書のある『帝範《ていはん》』『臣軌《しんき》』『文選《もんぜん》』『白氏文集《はくしぶんしゅう》』など漢籍の古写本（重要文化財）が多数伝えられています。

　三河守としては、大宝元年に任命され、直後に大宝の遣唐使の副使にも任命され入唐《にっとう》した巨勢《こせいの》（許勢）祖父《おおじ》、三河入道寂昭《じゃくしょう》（照）と称し入宋《にっそう》した大江定基《おおえのさだもと》（?～長元七年［一〇三四］）、久安元年（一一四五）から久安五年まで三河守となり、蒲郡地区を開発し、琵琶湖の竹生島より弁財天を三河湾の竹島に勧請したとの伝えもある藤原俊成《としなり》《しゅんぜい》（永久二年［一一一四］～元久元年［一二〇四］）、などが知られています。天治二年（一一二五）正月から天承元年（一一三一）十一月まで三河守となった藤原為忠《ためただ》（?～保延二年［一一三六］）が三河国の名所を都の歌人たちに詠ませ、歌合に仕立てたものと推測される「三河守為忠名所歌合」があります。本は散逸してしまいましたが、『夫木和歌抄《ふぼくわかしょう》』所載の二十七首により、その一端を知ることができます。歌人に加わっている盛忠（寂超）・頼業（寂然）は為忠の子であり、『夫木和歌抄』によれば、十二世紀前半の三河国内の名所十二ヶ所の地名が詠まれています。

　三河の名所といえば、『伊勢物語』第九段の東下《あずまくだ》りの中で物語の主人公在原業平《ありわらのなりひら》（天長二年［八二五］～元慶四年［八八〇］）と思しき人物が「かきつばた」を詠み込んだ「唐衣《からごろも》　きつ、なれにし　つましあれば　はるばるきぬる　旅をしぞ思ふ」の和歌で知られる八橋《やつはし》が有名です。『伊勢物語』が古典として読み継がれ、「唐衣」の歌が何度も詠まれるにしたがって、絵画の題材や蒔絵などの意匠として八橋はとりあげられ、三河随一の歌枕として知られていきます。知立市八橋町の八橋山《やつはしさん》無量寿寺《むりょうじゅじ》に杜若《かきつばた》庭園（八橋かきつばた園）があり、その故地の一つとされていますが、これは江戸時代に整備されたものであります。無量寿寺の西にある在原寺から北西に延びる旧鎌倉街道を、根上りの松を通り過ぎながら下り、名鉄・八橋線の踏切近く、線路沿いにある「八橋伝説地」や「在原業平墓所」の周辺、更に進んで逢《あい》妻川《づまがわ》に架かる橋を渡った対岸の近辺の方が、杜若が好む低湿地といえ、平安前期の八橋の故地には相応しいとする説もあります。

　律令体制の変容により、矢作川右岸の沖積地と碧海《へきかい》台地東側一帯を荘域とする志貴荘《しきのしょう》、矢作川下流域の左岸、西尾市吉良町・一色町を荘域とする吉良荘《きらのしょう》、旧碧海郡の矢作川中流の沖積地と碧海台地の東端部を荘域とした碧海荘《あおうみのしょう》、猿投神社の南側、豊田市に多くその荘域をもつ高橋荘・高橋新荘などの荘園や伊勢神宮内宮《ないくう》の神領である橋良御厨《はしらのみくりや》・伊良胡《いらこ》御厨（ともに渥美郡）などが三河国内に成立します。なお、一二世紀初頭から一三世紀にかけて渥美半島（田原市を中心に豊橋市の一部）では窯業が盛んとなり、渥美窯と呼ばれる古窯群で陶磁器が生産され、伊良湖東大寺瓦窯跡《いらごとうだいじがようせき》（愛知県田原市伊良湖町）では東大寺再建で使用された軒丸《のきまる》瓦や軒平《のきひら》瓦が焼かれたことが判明しています。

　三河の荘園や公領には、院政期以降、武士の進出も見られるようになり、特に鎌倉幕府成立以降、承久《じょうきゅう》の乱後、守護に幕府の御家人《ごけにん》足利義氏《あしかがよしうじ》が任じられ、下野国足利荘《しもつけのくにあしかがのしょう》（栃木県足利市）を本貫《ほんがん》とする足利氏一族が西三河の荘園の地頭に配置されると、足利氏より独立して、吉良《きら》・一色《いっしき》・今川の三氏は幡豆郡を、仁木《にき》・細川の両氏は額田郡を、それぞれ本貫として、本貫の地名を苗字《みょうじ》として名乗ることになります。これら西三河の足利一族は、足利尊氏が幕府を開くと、管領・侍所所司・守護（守護大名）に任命され、室町幕府を支えることになります。応仁・文明の乱（応仁元年［一四六七］～文明九年［一四七七］）が起こると、吉良・一色・西郷・水野・牧野・高力《こうりき》・戸田・和田・畠山・鈴木・中条・三宅・富永・設楽《したら》・菅沼など有力国人《こくじん》（三河国人衆）が各地に割拠して対立する中、西三河の賀茂郡の山中、巴《ともえ》川（足助《あすけ》川）の東岸の山中にある松平郷《まつだいらごう》（豊田市）において成長した松平氏が、三代信光の時に、西三河の平地の岩津城に攻め入り、更に矢作川を渡って南に向かい、安祥《あんじょう》城・岡崎城を攻略しました（吉永昭「みかわのくに　三河国」『国史大辞典』吉川弘文館　一九九二年も参照）。三河松平氏がのちの徳川家康による江戸幕府成立の母体となります。西三河の中世史の解明は、室町幕府や徳川幕府を支えた三河武士のルーツの謎を解く上でも、特に重要なキーポイントであります。

　以上、「あとがき」でまとめました「西尾市岩瀬文庫特別連続講座」や本書所収の講師の方々のお話も参考にさせていただきながら、古代・中世の三河の歴史・文学の謎や魅力の一端をご紹介させていただきました。

さて、この地にある西尾市岩瀬文庫は、一九〇八（明治四一）年に西尾市須田町の実業家である岩瀬弥助《いわせやすけ》氏が本を通した社会貢献を志して創設した「私立図書館岩瀬文庫」として誕生しました。戦後、一九五五（昭和三〇）年に西尾市の施設となり、二〇〇三（平成一五）年四月には日本初の「古書の博物館」としてリニューアルし、二〇〇七（平成一九）年十二月に登録博物館となり、二〇〇八（平成二〇）年五月には創立一〇〇周年を迎えました。重要文化財の『後奈良天皇宸翰《しんかん》般若心経』一巻を含む古典籍から近代の実用書まで、幅広い分野と時代の蔵書約八万冊を保存・公開し、日本の本の長い歴史やゆたかな文化について体験しながら学べるユニークな展示を行っています。

本書には、東京大学史料編纂所に研究拠点を置く、**二〇〇七（平成一九）年度〜二〇一一（平成二三）年度科学研究費補助金（学術創成研究費）「目録学の構築と古典学の再生——天皇家・公家文庫の実態復原と伝統的知識体系の解明——」**（研究代表者　東京大学史料編纂所教授　田島公）の研究グループと西尾市岩瀬文庫とが、二〇〇八年度より共催した四年間にわたる特別連続講座二二回のうち、二〇〇九年度から行っている、主に三河地域の歴史・文学に関連したテーマ「史料から歴史の謎を読み解く」でお話いただいた講演の中から五つの講演と、西尾市岩瀬文庫の紹介を収載しました。

特別連続講座が始まった経緯や個々の演題などに関しては、「あとがき」で触れることとし、ここでは、本書に収めた講演内容を簡単にご紹介します。なお、講演は時代順に新しいものから古いものへ、中世から古代へと遡るように並べました。

まず、**松井直樹氏の「丸山御所の時代——吉良氏と実相寺——」**は、西尾の中世史を吉良氏と実相寺を題材に語った、西尾市岩瀬文庫長としての最後の講演です。タイトルの「丸山御所」とは西尾市西野町地区に推定される中世吉良氏の拠点の故地のことです。先に述べましたように二〇一一年四月一日に、西尾市は幡豆郡の一色町・吉良町・幡豆町を編入したことにより、現在、吉良町は新しい西尾市の一部になっていますが、かつての吉良町は、その名の由来である「吉良荘《きらのしよう》」の一部のみを吉良町と呼んでおり、歴史的な「吉良」の名称としては矛盾が生じていました。こうしたことから、松井氏は、院政期から鎌倉期にかけて、吉良荘（吉良西荘）の荘園領主（本家）が、藤原氏（摂関家）から九条家に伝えられたことから説き起こし、荘園の預所職《あずかりどころしき》は中山家であったことを確認したあと、中世吉良荘の成立を、承久の乱（一二二一）後、関東御家人で、三河国守護職に就任した、足利義氏が地頭《じとう》に任じられ、長子で西条吉良氏の祖・長氏に吉良荘の地頭職が伝えられたことに見、仁治二年（一二四一）以降、満氏・貞義・満義・満貞と譲られたことを確認します。吉良氏の菩提寺で、三河国内では最古の臨済宗寺院である実相寺について、その創建から最盛期を迎える南北朝期の繁栄の諸様相について、吉良氏当主や歴代の実相寺住持との関係、吉良氏の御所があったとされる丸山御所の故地や近接する宗教的聖地である丘陵地・岡山の中世寺院や中世墓群、実相寺の繁栄の頂点ともいうべき貞治元年（一三六二）に造立された釈迦三尊像などを題材に、その全体像を初めて示した点は特筆すべきことであり、地元で三十年以上、研究を積み重ねられて来られた蓄積に基づくものです。最後に応仁の乱直前やそれ以降の吉良荘に関して語り、東西吉良氏の対立、冷泉為広の道中記の記述も紹介します。

次に、**金田章裕氏**（京都大学名誉教授・人間文化研究機構機構長）の**「古代三河の国府・条里・交通路」**は、ご専門の歴史地理学の立場から、律令制国家の行政区分では東海道に属した三河国の行政の中心である国府や古代の官道である東海道と駅家《うまや》など交通路、更には古代の土地割りである条里地割の分布や土地管理システムである条里呼称法の完成（あわせて「条里プラン」）に関してお話しします。まず、三河国府の推定地に関して、【A説】西古瀬川の西岸、三河国分寺・尼寺に近接する、豊川市の白鳥神社付近の方五町と方四町を国府域に想定する説と【B説】音羽川の東岸、地名「国府」「守公神」のある方八町の国府域を想定する説を紹介し、【A説】に含まれる白鳥遺跡が律令期の国府であったことを指摘します。次に三河国内を通過する古代東海道のルートと三河国内の三つの駅家を推定します。鳥捕駅《ととり》（伊《い》場《ば》木簡によれば鳥取駅家）は矢作《やはぎ》川の西側、式内社《しきないしゃ》和志鳥《わしどり》神社がある碧海《あおみ》郡鷲取《わりどり》郷の「宇頭」に、山綱駅（伊場木簡によれば山豆奈《やまづな》駅家）は額田郡旧山綱村に、渡津（度津）駅は宝飫《ほい》郡（宝飯）渡津郷にある菟足《うたり》神社の微高地付近に比定します。最後に、条里地割と条里呼称法とからなる土地管理システムで、八世紀中頃に採用された「条里プラン」の成立（完成）と変遷（再編・崩壊）に関して説明を加えた後、三河国の条里プランに関して、条里地割が豊川平野に見えることを紹介します。

三番目の**荒木敏夫氏（専修大学文学部教授）**の**「藤原仲麻呂の乱と西三河——軍士 石村村主石盾とその一族——」**は、藤原仲麻呂の乱の鎮圧に活躍した西三河出身の軍士・石村村主石楯《いわれのすぐりいわたて》とその一族を廻る余り知られていない史実をお話しします。淳仁《じゅんにん》天皇即位後、大師（太政大臣）にまで昇った藤原仲麻呂（恵美押勝《えみのおしかつ》）は、淳仁天皇と孝謙上皇とが不和になり、孝謙が寵愛する道鏡の影響が強まると、道鏡を排斥するため、天平宝字四年（七六四）九月にクーデターを起こしました。しかし、失敗して、若狭・越前をめざして敗走する途中、現在の滋賀県高島市勝野で捕らえられ、斬首されてしまいました。仲麻呂の首をはね、都に送ったのが三河国碧海郡出身であった石村村主石楯でした。『続日本紀《しょくにほんぎ》』など正史に書かれていない石楯及びその一族について『新撰姓氏録《しんせんしょうじろく》』や唐招提寺所蔵「大般若経」の識語、平城宮出土木簡に見える三河国碧海郡の「石寸《いわれ》里」の記述、『三河国内神名帳』に見える石村天神の記載と今留神社（野田八幡宮）の現地踏査による石余《いわれ》社の発見により、もつれた謎の糸を解きほぐすように、渡来系氏族としての石村《いわれ》氏が三河国碧海郡石村里を本貫地として活躍していたことをお話しします。

四番目の**馬場基氏**（奈良文化財研究所主任研究員）の「**参河の海の贄《にえ》木簡のかたること**」は、奈良文化財研究所での仕事を紹介しながら、八世紀の「木簡」の史料的性格をお話しした後、平城宮出土の参河から送られた「荷札木簡」、三河湾に浮かぶ篠島・佐久島・日間賀島という三島からの送られた「贄」の荷札について整理し、その特殊性について述べます。三河湾の三島の内、佐久島は現在、西尾市でありますが、篠島・日間賀島も含め、三島は古代では三河国の幡豆郡に属していました。「贄」とは天皇専用の高級食材であり、伊勢・志摩の海民からの貢納が知られていますが、馬場氏は『万葉集』に見える「伊勢の海」「志摩の海」の分析や三河湾の「ハヅ」の地名の分布から、「参河三島」は伊勢・志摩の海の一部であり、三河湾の蒲郡《がまごおり》から紀伊半島の熊野までが贄人（海の民）の海であったことを想定します。

最後の、**原秀三郎氏**（静岡大学名誉教授）の「**『万葉集』から持統上皇三河行幸を読み解く**」は、「持統上皇の三河行幸・再論――再び引馬野遠江説を言上げし、古代の東海地方を論ず――」と題する講演を改題し、大幅に加筆したものです。『万葉集』巻一・三二には大宝二年（七〇二）

の持統太上天皇の三河行幸歌群が収録されています。このうち、長忌寸奥麻呂《ながのいみきおくまろ》（巻一―五七）の歌に見える「引馬野《ひきまの》」を現在の豊川市御津《みと》町御馬に、高市連黒人《たけちのむらじくろひと》の歌（巻一―五八）に見える「安礼《あれ》の崎」を、現在の同市御津町音羽川河口に、それぞれ比定する国文学者久松潜一《ひさまつせんいち》氏が唱えた三河説があります。一方、賀茂真淵《かものまぶち》以来、「引馬野」と「安礼の崎」は遠江国であるという遠江説があります。遠江説では、「引馬野」を現在の浜松市曳馬町、「安礼の崎」を浜名湖近く静岡県浜名郡新居町に比定しています。原氏は、天皇に近侍する歌人による「起居注《ききよちゆう》（記録）歌」（天皇の動静・日常を歌で記録したもの）という視点から解釈することにより、更に持統上皇の大宝元年の紀伊行幸歌群との比較検討も加え、持統上皇の三河行幸ルートを復原し、その背景の解明をめざしたものです。「引馬野」＝遠江説を新たな視点から堅持するものの、「安礼の崎」については自説を撤回し、豊川市御津町音羽川河口説をとります。論争となっている持統上皇の三河行幸の謎を解明することのみならず、「起居注（記録）歌」という視点を提示されたことは歴史史料として『万葉集』を利用する今後の研究にも注目されるべきものです。ただ、大変残念なことに、第三章の執筆途中、原氏のお身内に不測の事態が発生したため、結論部分となる第四章を詳しく展開していただく時間的余裕がなく、結論のみを書いていただくこととなりました。執筆断念も想定されるような困難な情況の中、最後まで執筆していただき、最新の持統上皇三河行幸論を提示された原氏に衷心より感謝申し上げます。
本書の最後には、西尾市岩瀬文庫の学芸員であり、講演会の担当を中心的にしていただいた**神尾愛子氏の「西尾市岩瀬文庫について」**を収載しました。岩瀬弥助氏による文庫の創設から、岩瀬文庫が西尾市民によって守られ、「古書の博物館」となって利用されるに至るまでの沿革、現在の活動や岩瀬文庫の利用を高めるための研究活動、利用案内などを紹介していただきました。

岩瀬文庫には、名古屋方面からなら、名鉄・名古屋駅から直通の吉良吉田《きらよしだ》行きの急行に乗ると、新安城《しんあんじょう》駅で三河湾に向かう名鉄・西尾線に入り、約五〇分。豊橋方面からなら、名鉄を利用する場合は、名古屋本線を東岡崎・知立《ちりゅう》方面、新安城駅で乗り換えることになります。名鉄・西尾線に入ると、田園風景が拡がり、春には、沿線の工場の敷地に桜の花が見事に咲き誇り、車窓を楽しませます。一方、JRなら豊橋駅から東海道線で蒲郡《がまごおり》駅まで行き、名鉄・蒲郡線に乗り換えると、進行方向左手の車窓には時折、三河湾の穏やかな水面が見え隠れします。吉良吉田駅で更に西尾線に乗り換え、北上すると、蒲郡駅から約四〇分で西尾駅に至ります。文庫には、新安城方面からなら、西尾駅の一つ手前の西尾口駅から歩いた方が少し近いのですが、急行・準急が停車する西尾駅の西口から徒歩約二〇分。歩くには少し遠いので、荷物が多い時はタクシーを利用すると楽ですが、春なら、駅西口の正面にある、戦前の木造の映画館の面影を残す西尾劇場を横目に、みどり川まで進み、右折して、途中、川沿いの桜を見ながら、伊文《いぶん》神社の近くのウナギの老舗の前を経て、鶴城公園内の岩瀬文庫までのんびり歩くことをお奨めします。

それぞれご味読いただき、「岩瀬文庫特別連続講座」の雰囲気を感じ取っていただければ幸いです。

田島　公

1

丸山御所の時代

吉良氏と実相寺

松井直樹

松井　直樹（まつい　なおき）
一九五〇年愛知県生まれ。立命館大学卒業。前西尾市岩瀬文庫長。日本考古学。著書『定本　矢作川』（共著、郷土出版社、二〇〇三）、『西尾の三河万歳』（西尾市教育委員会、二〇〇一）。主要論文「枯木宮　貝塚の出土土器について」（『縄文晩期前半の土器編年』東海縄文研究会、二〇一〇）。

はじめに

平成二十三年（二〇一一）四月、西尾市は一色《いっしき》町・吉良《きら》町・幡豆《はず》町と合併することになり、旧三河国幡豆郡のほぼ全域を新西尾市の市域とすることになりました。合併の際には旧地名の存続が問題となりましたが、ほとんどが残されることになりました。ところで、合併時の地名は、歴史的な地名を引き継ぐ場合や、新たな地名を名付ける場合があります。西尾市において古い地名を重んじ名付けた例として、三河国幡豆郡八郷《はちごう》の一つ「熊来郷《くまくごう》」の名称が、明治期において「久麻久村《くまくむら》」として復活し、西尾町に合併するまで用いられてきました。新たな地名となった例としては、「吉良」の地名があります。昭和三十年に吉田町と横須賀村が合併し発足した吉良町は、忠臣蔵で有名な吉良上野介《こうずけのすけ》の所領であったことから「吉良」と名付けられたと思われます。しかし、幡豆郡の地は平安時代には藤原家の荘園で、雲母山《きららやま》（八ッ面山）から雲母が産出したため、その音をとって「吉良荘」と呼ばれたといわれています。このため、吉良荘の一部のみを新しい地名「吉良町」として呼ぶことになり、歴史的な矛盾が生じました。なお、吉良上野介家は、家康の叔母で吉良義安の妻となった俊《しゅん》継尼《けいに》によって起された徳川系吉良氏であり、足利系吉良氏とは区別すべきと私は思います。

吉良荘の地は鎌倉時代に足利氏（後、吉良氏）に統治されるようになり、その中心は現西尾市西野町地区にある足利氏居館の推定地である丸山御所と実相寺《じっそうじ》であったと思われます。ここでは、足利氏とその菩提を弔う実相寺を通して吉良荘がどのように変遷していったのかをお話しします。

1　吉良荘の荘園領主

源頼朝が建久三年（一一九二）に征夷大将軍に任ぜられたことで、はじめての武家政権である鎌倉幕府が名実ともに完成しました。承久の乱（一二二一年）後、北条氏ら有力御家人の合議制である執権政治が行われるようになり、幕府の政治は安定しました。この時期、吉良荘においても、「足利左馬頭朝臣《（義氏）》は源家の系統にして、承久之兵乱の軍功に依り賞され、三河守護職を賜り、位従四位下に叙され、すなわち幡豆郡吉良庄西条居城也」（「高隆寺縁起」）とあるように、足利氏が赴任し、同時に吉良荘の管理者としてこの地に来たと考えられてきました。そして、三河国の守護は足利氏の嫡流の間で継承され、長男長氏が地頭として吉良荘を支配したと思われます。それでは、平安時代末期において藤原家の所領として受け継がれながら、地頭請所となっていった過程を考えていきます。

吉良荘に関わる資料は、陽明文庫所蔵「兵範記《ひようはんき》」仁安二年十一月巻紙背文書《しはいもんじよ》の次の文書が最初です（以下、原漢文の史料は読み下し文にして引用する）。

吉良御庄
調進《ちようしん》スル法服《ほうふく》装束ノ裳ノ事
合セテ弐腰　紫糸ヲ以ッテ之ヲ結フ
右、色目ノ旨ニ任セテ、調進スルノ状、件ノ如シ
平治元年六月六日　下司平弘陰

内容は平治元年（一一五九）、吉良荘から法服装束のうち裳を調達して進上するという送り状です。「法服装束」というのは衣冠礼服などの服装で、裳はそのうち腰から下へつける衣のことで、合わせて二腰の裳を紫糸（絹糸）で結えたものだと注を加えています。色目は物品などの種類、数量などを詳細に記した目録で、目録の記載の趣旨によってという意味です。吉良荘の荘園領主から管理を直接任され、送り状を出している荘官は平弘陰で、平氏一門がこの地方の荘園の実効支配をしていました。それでは、吉良荘の領主は誰なのか、平弘

陰は誰あてにこの送り状を出したのかを考えていきます。それは、治承元年（一一七六）八月二十二日付「皇嘉門院譲状《こうかもんいんゆずりじょう》」（平安遺文八—三八〇七）で明らかになります。

女院《（皇嘉門院）》の御ふみくしてまいらす　たしかに〱（花押）
きら《（吉良）》の西条、せんしこせん《（参子御前）》にたしかに〱たてまつる（下略）

とあることによって、吉良西条の荘園領主が皇嘉門院であったことが知られます。皇嘉門院（聖子）は関白藤原忠通《ただみち》の第一女、藤原道長からの直系である藤原本家の娘で、聖子が崇徳天皇のもとへ大治四年（一一二九）に入内する際に、それまで藤原家に継承されてきた荘園の中から吉良荘が分与されたものと思われます。そして、これを兄兼房の子の参子に譲るというものです。この文の内容は、皇嘉門院庁から二日おくれで出された治承元年八月二十四日付の「皇嘉門院庁下文」（平安遺文八—三八〇八）でいっそう明らかになります。

皇嘉門院庁下ス　参河国吉良庄西条
早ク藤原参子ヲ以テ預所職《あずかりどころしき》ト為ス可キ事
右ノ人、相伝ノ譲ニ任セ、預所職ト為シ、庄務ヲ執行セシムベキノ状
仰スル所件《くだん》ノ如シ。庄官等宜《よろ》シク承知シ之《これ》ニ違失スルコト勿レ。故ニ下ス。

これによって、藤原本家に伝えられてきた吉良荘西条の預所職は参子に譲られました。預所職とは、荘園領主から荘園の管理を任され、荘司とか公文《くもん》、または下司《げす》などと呼ばれた荘

官たちを統轄する役職です。よって、この時点でも吉良荘の領主はまだ皇嘉門院の手にありました。ここで、藤原本家に代々引き継がれていくものは、荘園領主と預所職の二つがあったことがわかります。

　この後、荘園領主と預所職がどのように変遷していったのかを見てみると、荘園領主は、治承四年（一一八〇）五月十一日に皇嘉門院から後白河上皇に出された「御惣処分状《おんそうしょぶんじょう》」（平安遺文八―三九一三）の中に「みかわ（参河）き良　これらはいつこもよしみち（良通）にたてまつるなり」とあり、良通に譲られることになりました。このことは、良通が九条家の祖兼実の第一子であり、九条家に譲与されたことを意味しています。しかし、良通が二十二歳で死去したため、父兼実が管領することになりました。元久元年（一二〇四）には兼実は「参河国吉良庄東条西条」などを後鳥羽天皇の后となった娘任子《にんし》（宜秋門院《ぎしゅうもんいん》）に譲り、「女院万歳之後　順孫道家ニ譲賜《ゆずりたま》フベクノ由」とあるように、その後、道家に譲ることが決められています。そして、建長二年（一二五〇）の「九条道家初度惣処分状」（図書寮叢刊『九条家文書』一―五⑴）の「一、家地文書庄薗事」には、

前摂政（一条実経）

（中略）

家領

女院方《藤原竴子》

（中略）

参河国吉良西庄　地頭請所

（中略）

右大臣《九条忠家》

家領

女院方

（中略）

参河国吉良西庄

とあり、吉良西庄は道家の第三子の一条実経と孫九条忠家に譲られています。

一方、預所職は、建久八年（一一九七）の禅師（藤原参子）御前の譲状に「みかわのきら《吉良》のさいてう《西条》（中略）太夫ただふさ《忠房》ニもんそ《文書》をそえてたしかに〳〵そふん《処分》しまいらす」とあり、中山忠房（後に忠定と改める）に譲られ、中山家に譲与されることになりました。中山家は花山院家から分かれた家で、忠親を祖とし、忠定は忠親の孫にあたります。そして、承久三年（一二二一）に荘園領主宜秋門院（任子）が吉良西条荘預所職を中山忠定に再度安堵し、暦仁元年（一二三八）には「みかハの吉良の西条庄ハ少将基雅にゆつり《譲》わたす」とあり、中山忠定から基雅に譲られています。

藤原氏系図

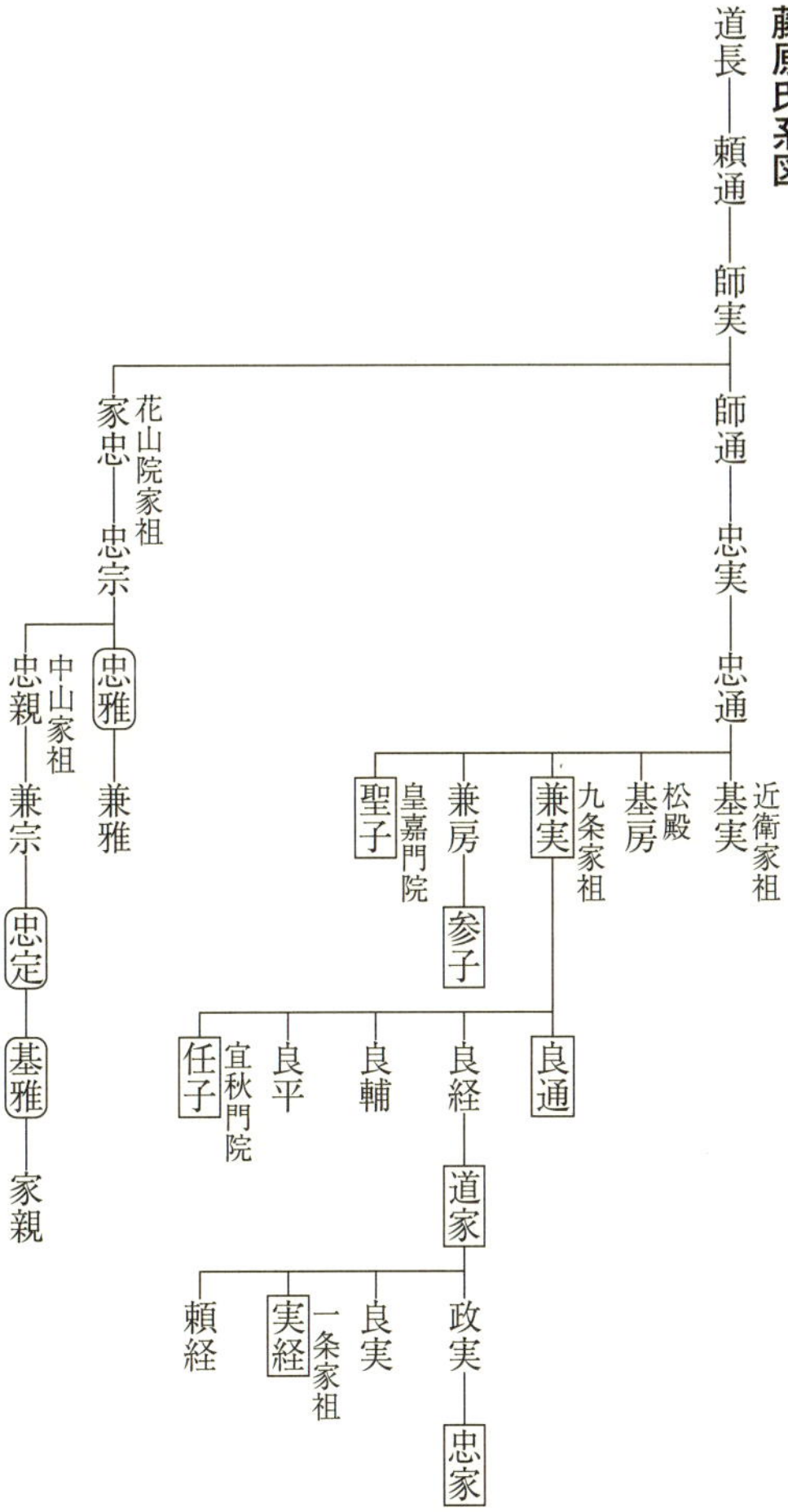

✝関東御家人の吉良荘への進出

院政が開始され、藤原氏の力が衰えてくると、代わって武士が台頭してきます。保元・平治の乱を通じて源氏を抑えた平氏が地方に進出し、平治元年の「法服装束裳事」の送り人に平弘陰の名が見られるように、吉良荘の実権をにぎっています。しかし、源氏が蜂起した後は、当地方の荘園の管理も行き届かなくなりました。このころの様子は九条兼実の日記『玉葉』養和元年三月二十八日条でその一端を知ることができます。

廿八日甲辰、天晴　経《(藤原)》家朝臣来リテ、吉良庄ノ訴ヘ事ヲ申ス。又聞ク、坂東勇士等已ニ参河国ヲ超ヘ来ル、実説ト云々。

坂東勇士とは鎌倉の武士のことで、富士川の対陣で敗れた平氏を追討し、養和元年（一一八一）には源氏が三河国あたりまで攻め上って来ています。

承久三年（一二二一）には前述した次の文書（宮内庁書陵部所蔵「古文書」）が発せられています。

宜秋門院下ス　　参河国吉良西条庄
早ク前《(中山忠定)》宰相中将家ヲ預所職トセシムベキ事
右人、彼職ト為シテ、元ノ如ク庄務ヲ施行セシムベシ。且ハ相伝之理
子々孫々ニ至リ相違無ク知行セシムベク之状、仰セノ所件ノ如ク、

庄官等宜シク承知シ、敢ヘテ違失スルコト勿レ。故ニ下ス。

承久三年七月廿一日　主典代前対馬守藤原朝臣（花押）

別当前越後守源朝臣（花押）

承久の乱で朝廷方が総崩れとなった際に、吉良西条荘の預所職を中山忠定に安堵していますが、このことを源姓（足利氏か）の者へ下文を達したと推察されます。また、建久二年（一二五〇）の「九条道家初度惣処分状」や、「一条摂政実経家所領目録案断簡」（図書寮叢刊『九条家文書』一―六）に

参川国吉良西庄　年貢上絹三十四疋《ひき》三丈　地頭請所

（首書）「家親（藤原）卿知行」

とあります。吉良荘は地頭請所であって、地頭が荘園領主から荘園の管理を依頼されて、一定額の年貢徴収を請け負っていたことがわかります。建久二年は足利義氏が矢作宿に屋敷を構えていたころから一〇年後のことで、おそらく地頭は長男長氏であったと思われます。

『西尾町史』「西尾古伝集」に書かれている西尾城の創建説の一つに、「高倉院の御宇《おんとき》、安元二丙申年（一一七六）花山院太政大臣忠雅の子左大将忠邦卿三川を領して旧城を取起し、吉良山の麓に城を建営し、後に当地に移す」とありますが、この説は今述べて来たような史料に基づいて推定されたものと思われ、当時の様子を想像させます。

2 中世吉良氏の成立

足利義氏の三河国への赴任について、「足利左馬頭朝臣（義氏）は源家の系統にして、承久之兵乱の軍功に依り賞され、三河守護職を賜り、位従四位下に叙され、すなわち幡豆郡吉良庄西条居城也」（「高隆寺縁起」）、また、「承久三年（一二二一）京合戦忠賞任㆓三河守㆒、任㆓陸奥守㆒叔父義時譲㆑之。
宝治元年（一二四七）賜㆓上総国長氏㆒任㆑之」（『西尾町史』養寿寺本「吉良氏系図」）とあり、承久の乱以後に三河国守護職を任されたことに始まるとされています。

そして、長男長氏が「義氏の家督を相続為すと雖も、病気に依って泰氏に与え、三州吉良西条居住」（『続群書類従』所載「吉良系図」）とされ、おそらく「宝治元年　賜㆓上総国長氏㆒任㆑之」とされる前後に長氏が吉良荘に配されたと想像されます。しかし、長氏の名が『吾妻鏡』に初めて出るのは建久六年（一一九五）で、将軍源頼朝が上洛し東大寺の供養のため奈良へ赴く際の随兵として、「足利五郎」「足利五郎上総介」の名を見ることができます。その後も時々随兵として名前を見せ、仁治二年（一二四一）以後はその名が見られなくなります。このことから、おそらく長氏は生活の本拠を鎌倉に置いていたと思われます。仁治二年以降、吉良荘の管理は、満氏―貞義―満義―満貞と譲られていきます。

満氏は、建長四年（一二五二）に宗尊《むねたか》親王を将軍として迎えた行列の随兵として『吾妻鏡』に名が出てきます。建長六年正月一日には将軍の相州亭へ行くのに供奉《ぐぶ》したり、鶴岡八幡宮参拝の後陣を勤めていますが、弘長三年（一二六三）を最後に『吾妻鏡』からその名が消えていきます。これ以降に吉良荘に帰ったと思われます。こうして吉良氏の基盤は、長氏と満氏によって築かれたと思われますが、いずれの資料でも「足利三郎」「上総三郎」「足利上総三郎」などと呼ばれ、吉良氏を名乗っていません。

その後、建治年間（一二七五～一二七七）には、「越前国　足利上総介」（『梵網戒本疏日珠

吉良氏系図

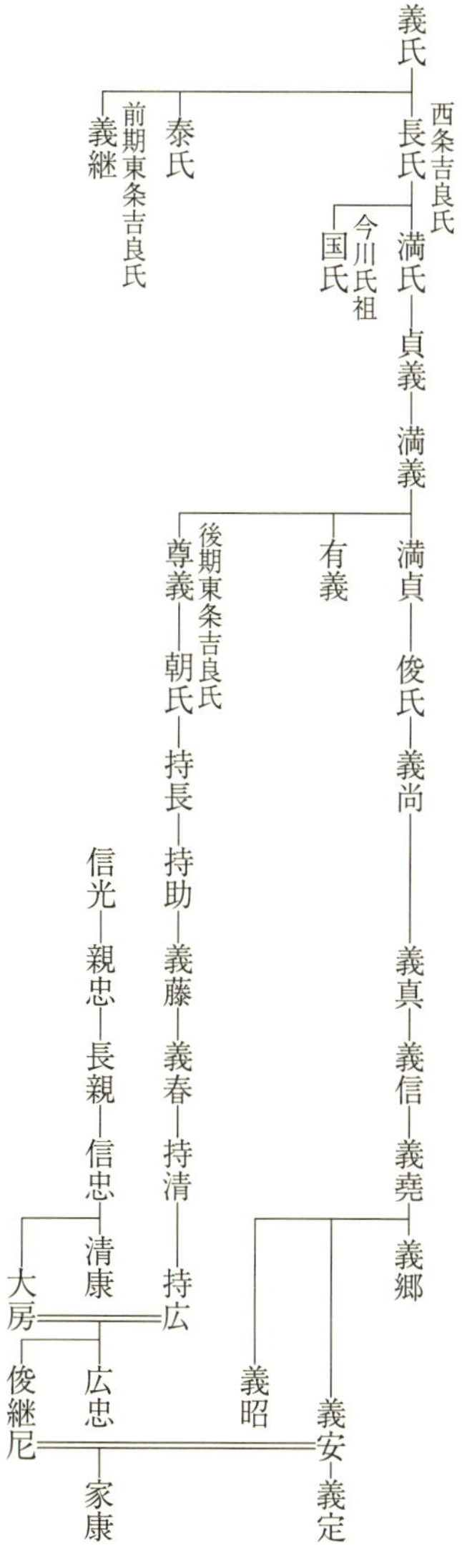

鈔』巻八の裏書文書）とあることから満氏は越前国の守護に任ぜられています。弘安八年（一二八五）の霜月騒動の際、安達泰盛に味方した中に「足利上総三郎」の名が見え、「非分により誅殺された輩」（鎌倉年代記裏書）としてもその名が挙げられており、満氏がこの騒動に関わって死去したものと思われます。

その跡を継いだ四代貞義は、南北朝期の動乱の時代を迎え、元弘元年（一三三一）の「洛中狼藉」の上洛軍の人名に「足利上総三郎」・「足利宮内大輔　三河国」の名が見えます。足利宮内大輔は東条の吉良氏で、後に奥州管領となった人物と思われます。『難太平記』によれば、元弘三年（一三三三）の三河八橋での尊氏挙兵の決意を、「吉良上総禅門（貞義）に仰せ合われしに御返事に云う、今までおそくこそ存ずれ、尤も目出可《べ》く」といって背叛を勧めたといい、この時に初めて「吉良氏」の名が出てきます。また、この時の上洛軍には「足利殿御兄弟　きら（満義）上杉　仁木　細川　今河　荒河以下の御一族」とあります。足利氏が倒幕の決意をした頃に吉良荘の「足利氏」は将軍家足利氏と区別するために「吉良氏」と名乗ったと推測されます。

3 吉良氏の菩提寺・実相寺

†実相寺の創建

文永八年（一二七一）、足利源総州左衛門尉従五位満氏三河ニ瑞境山《ずいきょうざん》実相寺ヲ創《はじ》メ円爾《えんに》ヲ請ス。円爾開堂シテ即日鎌倉ニ向ウ。　（『東福寺誌』）

文永八年末、足利源総州満氏請イ参州実相ノ第一世ト師住入寺為ス。　（聖一国師年賦）

左馬頭義氏朝臣三代ノ嫡男満氏公、大唐経山寺ノ絵図ヲ以テ七堂伽藍ヲ御建立シ、千貫千石ノ寺領ヲ御寄付ス。而シテ京師ノ東福寺聖一国師ヲ開山ニ尊請也。（実相寺由緒略記）

このように、実相寺は吉良氏の経済力を背景に、吉良荘領主九条家の菩提寺である京都東福寺から高僧聖一国師（円爾）を招き、文永八年（一二七一）に吉良氏の菩提寺として吉良西条の吉良満氏（開山檀那）によって創建された、三河で最古の臨済宗寺院でした。

円爾が実相寺開山として一日とはいえ入寺するような関係はどのようにして形成されたのでしょうか。これまでは、寛元元年（一二四三）に摂政九条道家が開山に円爾を招請し、道家没後三年の建長七年（一二五五）に一条実経が東福寺を開堂したことによって、吉良荘の領主九条家と地頭吉良満氏との関係からと指摘されてきました。しかし、『今川記』の次の記述から円爾と満氏との関係は満氏自身が円爾に深く帰依していたことによるものとも考えられます。

吉良今川の元祖、長氏の一男を満氏と申す。長氏の跡を継ぎ西尾を玉う。此人東福寺開山の聖一国師の御弟子に成玉い、吉良に実相寺を建立あり、禅法を敬い、久しく参得有りしかとや、されば俗體にて袈裟を許し、国師の御門弟の最一なり

実相寺二世にはかつて東福寺の蔵司であった無外爾然《むがいじねん》（応通禅師《おうつうぜんじ》）を円爾は推しました。無外爾然は、宋に渡って仏教を学び、普門寺などの諸寺を歴訪し、実相寺の住持となりました。建治二年（一二七六）から弘安七年（一二八四）までの間には天台密教の教義書『阿娑《あば》縛抄《さしょう》』を実相寺において書写しています。また、新春を寿《ことほ》ぎ、西尾城下のみでなく江戸の春を彩る風物詩の一つである三河万歳は、「実相安国禅寺伝記」によると応通禅師を頼って中国から訪れた陳昭《ちんしょう》と答谷《とうこく》に禅師が万歳楽譜を与えたことを始まりとし、万歳師となった二人がこの地に住み着いて定着したとされています。

三世は可菴円慧《かあんえんえ》で、彼は十三歳で爾然に従って得度した後、南都や比叡山に渡り、台密の潅頂《かんちょう》を受け、永仁四年（一二九六）に元に渡り、延慶元年（一三〇八）に帰国して実相寺に戻り、文保二年（一三一八）の爾然没後、四年間住職を努めました。隠居後は実相寺の塔頭宝珠庵を築いて住持となりましたが、吉良満氏が母本成大姉《ほんじょうたいし》発願の巨海《こみ》の道場を願成寺《がんじょうじ》に改めた折に開山として招かれました。なお、願成寺には五山文学僧で南禅寺の東漸健易《とうぜんけんえき》が作った銘文を刻んだ衝立型の可菴和尚塔銘牌と像があり、可菴の業績を偲ぶことができます。

†丸山御伝承の地と実相寺

吉良氏が拠点としたと言い伝えられているのが西野町地区で、この地区周辺には実相寺及び吉良氏の御所ゆかりの地名が数多く残されています。昭和八年発行の『西尾町土地宝典』には、上町下屋敷に約二五〇メートルの方形区画に囲まれた実相寺境内（現在は一八〇×一四〇メートル）が確認でき、北を御向《おむこう》、東を御所下《ごしょした》、南を清水《しみず》という地名に囲まれた実相寺南東側の丸山の地が丸山御所と推定されます。また、北から南へと実相寺と丸山御所との間を通る道路沿いには、武士の居住を思わせる上屋敷・善兵衛屋敷・中通屋敷・横町屋敷・垣外《かいと》屋敷・西屋敷の地名が残されています。元禄頃の実相寺絵図には、実相寺正面の南門の他に、東門や西側から入る入口が描かれ、東門から斜めに応通禅師墓に通じる作道《つくりみち》と名付けられた道があります。そして、南門から南陽丘《なんようのおか》を経て南に行くと塔頭寺院の竜門寺・法光寺が、東門からの道沿いには道興寺《どうこうじ》（満貞の法名・道興寺殿）・花蔵山《けぞうやま》（華蔵寺《けぞうじ》があったと推定される）が、さらにその東南に突出した台地に積善寺《せきぜんじ》（満貞の弟有義の法名・積善寺殿）があります。このように西野町付近は吉良氏と深いゆかりをもって、実相寺を中心として開けてきたことを、小《こ》字《あざ》名から想像できます。

†実相寺の繁栄

実相寺四世は今川氏の政所《まんどころ》職にあった高木入道の伯父にあたる仏海《ぶっかい》禅師（一峰明一《いっぽうみょういつ》）

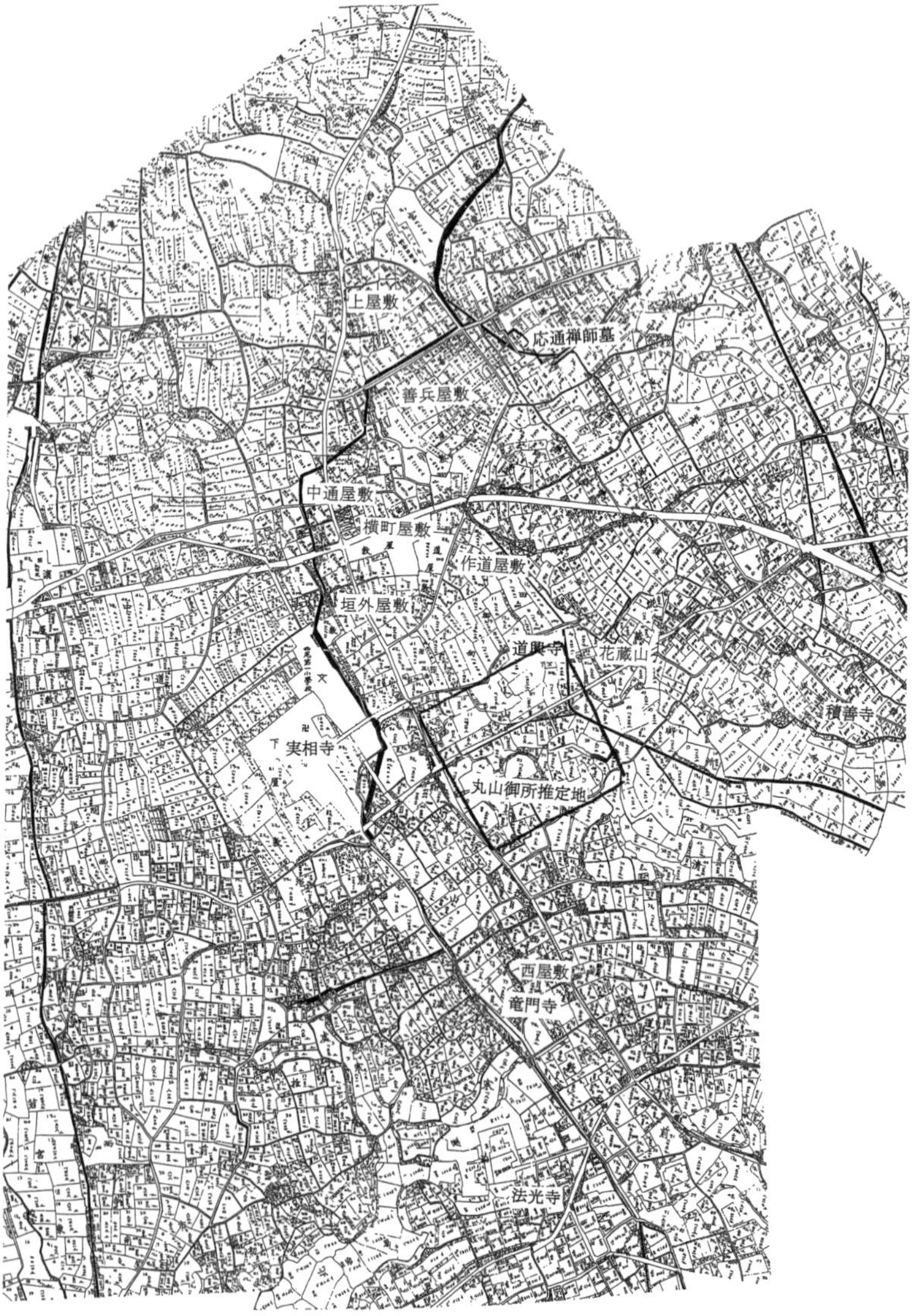
上屋敷
応通禅師墓
善兵屋敷
中通屋敷
横町屋敷
作道屋敷
垣外屋敷
道興寺
花蔵山
積善寺
実相寺
丸山御所推定地
西屋敷
竜門寺
法光寺

実相寺周辺

で、元徳元年（一三二九）五月、東福寺に招かれています。

東福寺長老職ノ事、度々申サレ候了。相構エ早速入院候者《ハバ》、真実御本意ト為スベク候。且当寺ハ故聖一国師草創ノ霊場ニ候。争棄損サレルベク候哉ノ由、其沙汰宜シク候也。
恐々謹言。
五月十一日　清兼

一峰は、この入寺催促状（花岳寺蔵）を受けた結果、東福寺一八世住持となり、塔頭正法院を開きました。今川貞世（了俊）も師と仰ぎ、一峰が開創した東福寺正法院に今川荘内の所領を寄進しています。

この頃、実相寺は「諸山」として将軍から認定された寺となり、さらに三河安国寺に指定されたことによって伽藍が整備されていきました。安国寺は足利尊氏・直義兄弟が、元弘以来の戦死者の慰霊のために、暦応元年（一三三八）頃から貞和年間（一三四五〜五〇）にかけて全国に設けたもので、実相寺は康永三年（一三四四）に三河安国寺に指定されたと伝えられています。この結果、京都と地方を結ぶ宗教と文化の交流拠点であるとともに、吉良氏の発展と菩提を祈る寺となりました。貞和二年（一三四六）には、実相寺・願成寺《がんじょうじ》の大規模な整備が吉良氏によって行われたと想像されます。願成寺の釈迦如来坐像が造られ、一峰に帰依した小間ケ淵の龍神摩訶阿弥《まかあみ》から教化の礼として実相寺へ千手観音画像と八葉宝鐸型梵鐘が寄進されたという伝承が残されています（『実相安国禅寺伝記』）。また、実相寺が所蔵する大般若経（これを転読して災害の消除と国家の安寧を祈る）を貞治元年（一三四五）から翌々年にかけて、現在の豊田市にある猿投《さなげ》神社神宮寺の僧良仙の願いによって吉良荘得永《とくなが》（徳永）の僧静玄らが実相寺で書写しており、実相寺が西三河の拠点的宗教施設であったことを物語っています。この他に、「三川州実相禅寺僧堂前鐘也」と刻まれた喚鐘《かんしょう》（現康全寺《こうぜんじ》所蔵）や布薩型《ふさつがた》水瓶（実相寺所蔵）が遺されており、当時の禅寺としての繁栄を伺うことができます。

†宗教的な聖地・岡山の丘陵

一峰明一は、『延宝伝灯録』に「三州の実相及び華蔵より東福寺に移る」とあり、また『実相安国禅寺伝記』に「此（実相寺）去って、東一里余町岡山に浮行き此に逃れたり」とあるなど、岡山の地に移り住んだことを記しています。

東部丘陵のわずか西に位置する分離丘陵の岡山には、一峰明一が入ったこと伝えられる花岳寺と華蔵寺の二つの寺院があります。

花岳寺　吉良町岡山、真言宗金星山の僧坊の一つに一峰明一が入り、貞和三年（一三四七）に開創。（「開山縁起」）

華蔵寺　一峰明一入滅の地である金星寺跡に建立。（明治十二年「寺籍調査書」）

いずれも真言宗金星山（寺）のあった岡山の地に実相寺四世一峰明一が移り住んだことを

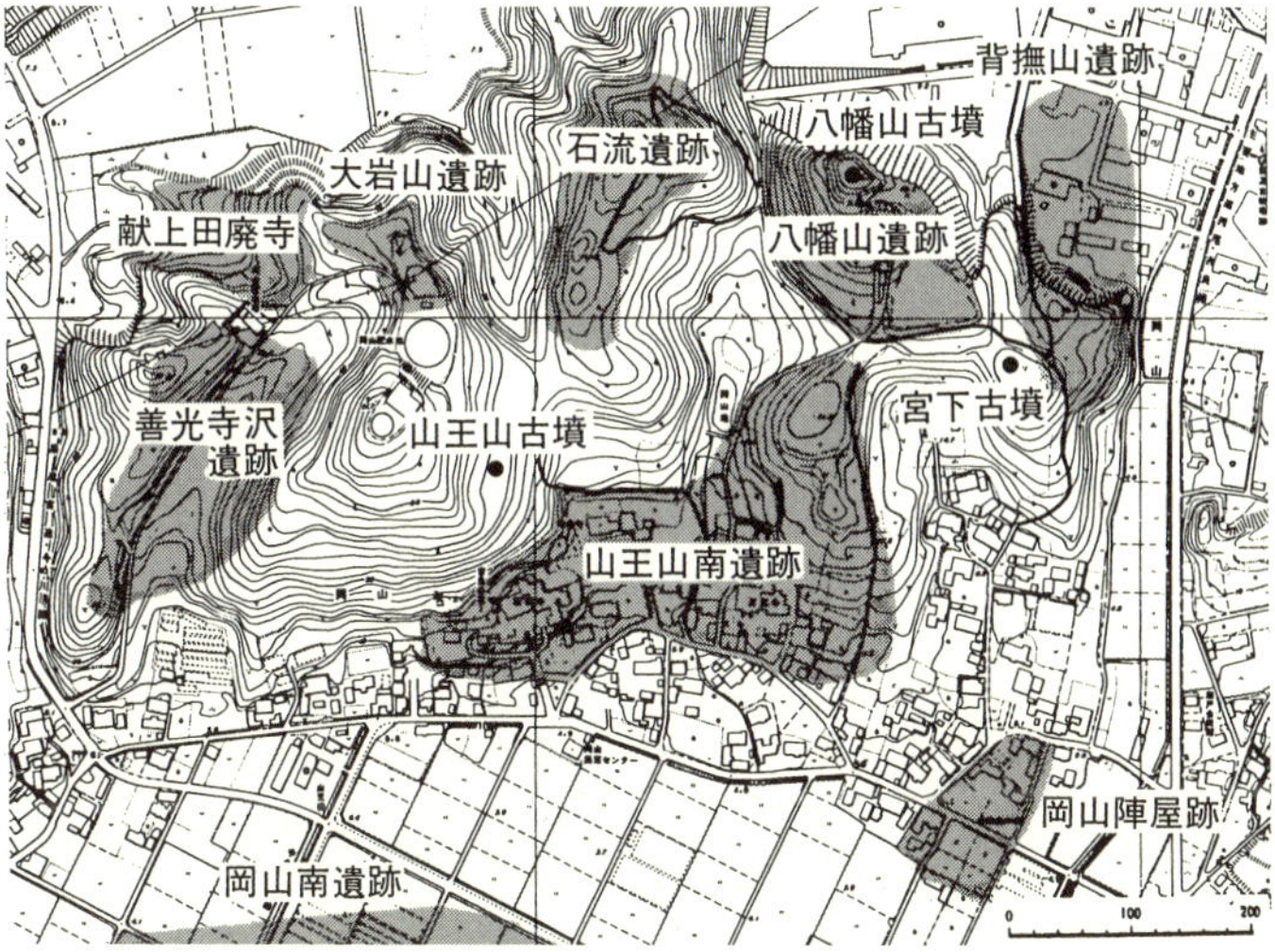

岡山丘陵東部の遺跡分布

起源としています。このことは、おそらく岡山の地が宗教的な聖地であったことを想像させます。なお、応永六年（一三九九）には東福寺八十世岐《き》陽方秀《ようほうしゅう》の下で修行した恵寿《けいじゅ》が金星山に入り、同僚の恵存《えぞん》・正胡・琱雪らとともに大蔵経を書写し、その収蔵のために経蔵である法輪蔵を造りました。この時、（西条）吉良義尚やその家臣大河内省貞・巨海美濃守省柔が田地を、恵林尼・瑞貞らが費用を寄進しました。恵寿と共に活動した恵存は、応永十七年（一四一〇）から二十一年にかけて華蔵寺で大般若経を書写・校合し、清信女瑞貞は同二十五年に大般若経収納箱の唐櫃《からびつ》を実相寺に寄付しています。

この他、岡山の地には、献上田《けんじょうた》廃寺《はいじ》・

能満寺《のうまんじ》（建武元年〔一三三四〕の記録）・中世陶器が散布する山王山南遺跡内にある霊源寺（東条吉良尊義《たかよし》の開基）といった中世寺院跡、古瀬戸や常滑《とこなめ》の蔵骨器が出土した背撫山《せなでやま》遺跡、発掘調査で多くの中世墓が明らかになった善光寺沢遺跡の中世墓群が確認されており、「護摩堂跡」や「伝極楽寺」などの地名も伝承されています。善光寺沢遺跡一部の発掘調査では蔵骨器を出土する遺構三七基を含め七八基の墓坑が確認され、古瀬戸や常滑産の蔵骨器の年代によって、十二世末に築造が始まって十五世紀代の終わり頃まで続き、十六世紀代に入ると急速に衰退したことがわかりました。このように広大な墓域を持つことは、岡山周辺が仏教的な聖地として認識されていたことが推察されます。なお、花岳寺は東条吉良持広《もちひろ》によって大永五年（一五二五）に諸堂が再建され、華蔵寺は近世吉良氏の菩提寺として吉良義定によって現在の地に再興されました。

4 南北朝期の吉良氏と実相寺

†吉良氏の惣領争い

五代満義（寂光寺殿）は、南北朝における動乱の時代の中で、足利直義に従って戦乱に明け暮れています。この様子をよく伝える軍記物に『太平記』があり、各所に吉良氏の名を見ることができます。吉良左兵衛佐満義は、元弘三年（一三三三）の篠村八幡宮における足利軍の旗揚げには一の矢を献じ、建武二年（一三三五）七月の北条高時の子高行が鎌倉を奪還した時には尊氏関東下向の先陣を承り、十一月の新田義貞との矢作川での合戦では吉良左兵衛督（満義）・同三河守（貞家）・子息三河三郎（満貞）ら一族一門を挙げて参陣しています。湊川の戦いに次いで起こる比叡山の攻防戦など各地で転戦する満義は、尊氏・直義軍の中心として働いています。

吉良満義・満貞親子が各地を転戦する間、吉良荘もしばしば戦火にさらされ、延元元年（一三三六）には新田一族の攻撃を受けています。このとき、東条城の吉良貞家が仁木義高らと協力して新田勢を打ち破っています。この年十一月に室町幕府が置かれ、満義は吉良荘に帰ったと云われ、東条城の吉良氏が陸奥へ移り、空いた東条城に三男尊義をつれて住みました。そして、西条城は働きざかりで、直義について転戦する長男満貞に任せることになりました。

貞和五年（一三四九）閏六月より激化した室町幕府の内部分裂は、観応擾乱の武力抗争に発展しました。満義・満貞親子は終始足利直義に従い、尊氏・義詮父子と戦い、直義死去以後は南朝方に属して抗戦を続けました。満義は文和四年（一三五五）に幕府に帰属し、翌年没しましたが、満貞は延文五年（一三六〇）八月まで南朝方でした。この間に満義死亡時には九歳であった尊義が吉良氏惣領に立てられたとみられます。応安元年（一三六八）九月二十三日、東福寺における満義の十三回忌法要の導師をつとめた東福寺三二世友山士偲の香語によれば、施主は「吉良中務大輔従五位上源尊義」であった（『友山録』）。中務大輔の位階は満貞の治部大輔よりも一階上で、「尊」の文字は足利尊氏の一字を拝領したと想像されます。このことは、おそらく満義が最晩年に幼少の三男を惣領に立てることで吉良一族の存続を考え、帰順を進めたものと思われます。

正平十一年（一三五六）に満義が死ぬと、東条の尊義は、兄満貞から分離して尊氏に味方しました。この様子を「満義御隠居の御跡、東条を横領にて満貞と忽ち御仲悪く成り。御合戦もありけれど」と『今川記』は説明しています。その後、満貞と尊義の間で和談が成立し、尊義が東条の跡目を相続することが承認されましたが、室町期において多くの場合、相続人は一人であり、その兄弟は仏門に入るという世相の中で、吉良氏を二つの家に分けたことは所領などの帰属をめぐる火種となり、東西吉良氏の対立は『今川記』にも記されるように戦国時代まで「東条西条つねに御仲よからず」といった状態が続きました。

✝実相寺釈迦三尊像の造立

貞治元年（一三六二）、大檀那である吉良満貞や実相寺第五世太山一元らによって釈迦三尊像が像立され、堂内には「普回向偈《ふえこうげ》」「浴仏偈《よくぶつげ》」の木版や「南方《なんぽう》火《こ》徳《て》星君《しんきん》聖衆《しんしゅう》」、「今上《きんじょう》皇帝聖壽萬歳《おうちいしんじえまんせい》」、「大檀那《だいだんな》丙寅《へいいん》本命《おんみん》元辰《げんしん》吉《き》威《い》星君《しんきん》」の三牌が掲げられました。そして、釈迦如来像の胎内や玉眼押え紙には三十二紙の文書が納められています。吉良満貞が納めた願文には、釈迦如来の慈眼を頼んで健康と長寿を祈願し、仏力によって凶を改めて吉と為し、禍を転じて祥と為すとあり、天下泰平と一族の繁栄を願っています。その他、吉良・今川氏一族や被官衆の縁者である法号を記す男性や女性がいました。また、太山一元の教化を受けて、少額の米銭や労力奉仕によって造像に結縁し、現世安穏後生善処を願った民衆150名がおり、庶民層への信仰の拡大の様相を示しています。造像の中心となったのは、太山一元で、二通の結縁交名を納入しています。太山一元は須美保山園村生まれ、俗称は伴氏でこの時五十四歳。実相寺には三住すなわち九年間住持し、当時は隠居所如意寺の住持でした。また、吉良・今川一族または被官衆の縁者と思われる沙弥仙空の願文は、種子・真言など密教的な旧仏教の色彩の濃い内容で、実相寺が禅教一致の立場を重視した東福寺の円爾弁円の系譜であることを物語っています。巻末には勝軍地蔵の印仏がありますが、これには戦いに勝利をもたらす仏として武士の信仰を集め、足利尊氏も篤い信仰を寄せていました。

釈迦三尊像造立の趣旨は、帰順を認められた満貞が、父親の供養を兼ねて行った在地復帰の宣言とも思われます。満貞は貞治二年には引付頭人《ひきつけとうにん》に任ぜられ、吉良氏の惣領に復帰しましたが、これを支えたのは実相寺住持であった太山一元であり、釈迦三尊像造立の法要であったと推定されます。胎内文書の中に、満貞の気持を詠んだと思われる

釈迦三尊像（実相寺蔵）

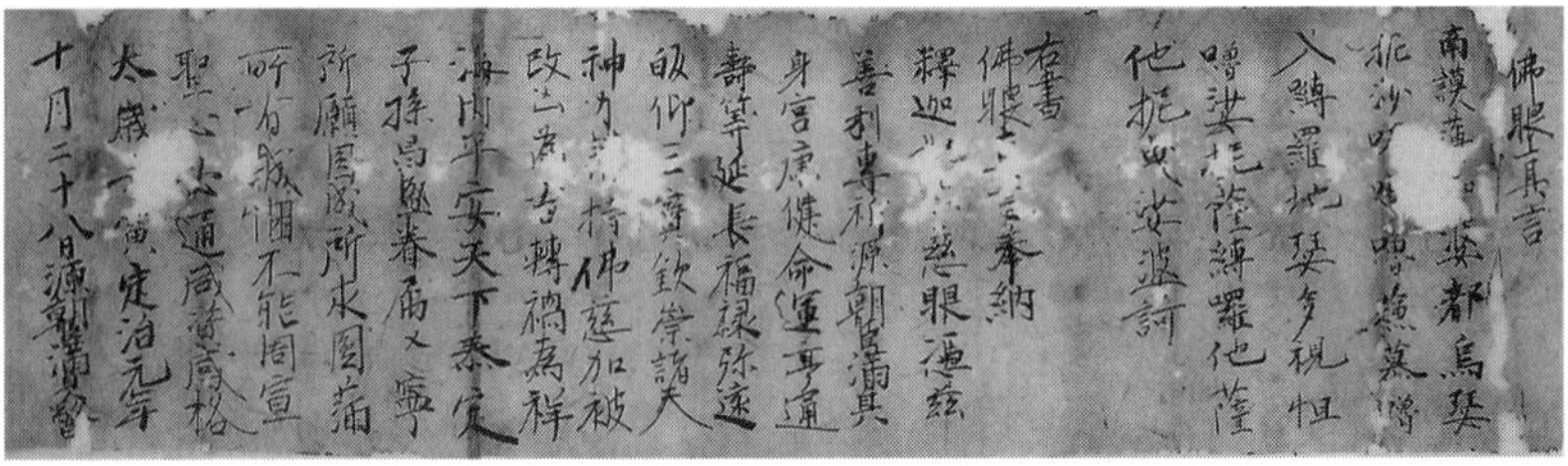

吉良満貞願文（実相寺蔵）
左から八行目に「改凶為吉　転禍為祥」とある。

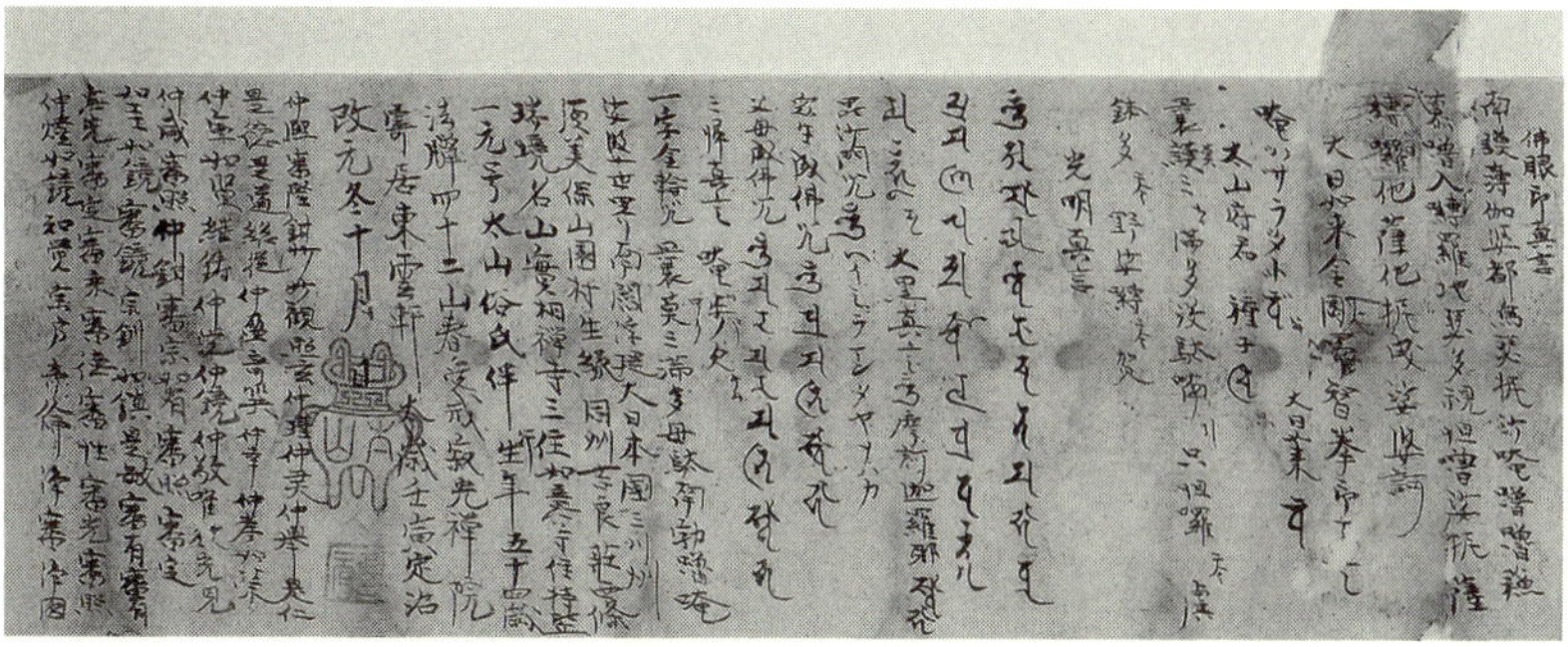

比丘一元等結縁交名（実相寺蔵）
多くの結縁者の名が列記されている。

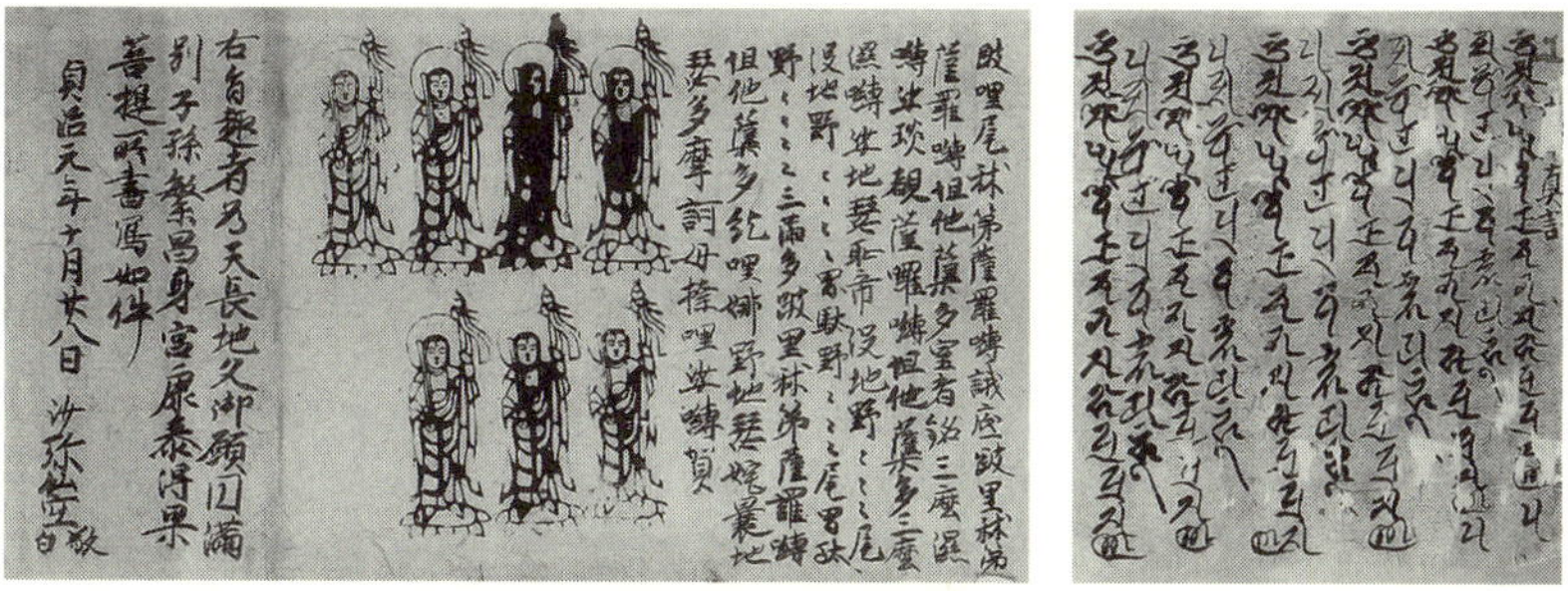

沙弥仙空願文（実相寺蔵）
巻末に勝軍地蔵の印仏がある。
右手に剣をとり、左手に幡をなびかせている。

やよひきて　よし野の山に　花かすみ　人気やはらぐ　里の春風

という詠草も収められています。

釈迦如来への信仰は、毎年四月に行われる現在の釈迦誕生祭へと引き継がれたと思われ、実相寺は「西野町のお釈迦さん」として近隣に知れわたっています。実相寺への深い信仰が、境内の中央に建つ釈迦堂で、花御堂に安置された釈迦誕生仏に甘茶をかけ、訪れた人々に甘茶を振舞う祭りとして、民衆の間に長く受け継がれたことは、当時の実相寺と地域との親密さを示すと思われます。

5 応仁の乱以後の吉良荘

応仁の乱（一四六七年）の直前、西条吉良氏が九代義真、東条吉良氏が十一代義藤の時代になると、西条吉良氏と東条吉良氏との間に戦いが度々あり、応永十九年（一四一二）に吉良八幡山において西条勢六人が討死しています。このようすを『今川記』は次のように記しています。

其の頃、吉良屋形左兵衛佐義真ハ、多年御在京なり。東条吉良義藤御在国なりしかとも、東条西条つねに御仲よからず。御家風の面々つねに合戦しける間、世の国侍ども二方に成って、吉良殿御下知を背きけり。（後略）

西条吉良義真は「多年御在京」とあるように生活の大半は京都にあったと想像され、『応仁武鑑』によれば、義真の京都館は「三条乃北　高倉の西　今の曇華院の東也。元は三条高倉以仁王の御所なりしが、宮御事ありし後、平家に伝わり、平家亡びて後、二条家に領せられしを、吉良貞義伝領し由。千二百坪、舟岡の南。居城　三河吉良西条、京都より五十里」とあります。一方、義藤の京都館は「上洛ノ年ハ建仁寺大統院久昌院の内、居城、三河吉良東条、京都より五十一里」とあるように、建仁寺が上洛の時の定宿になっていた程度であり、「上洛ノ年正月弐西条家全同。但シ五年目上洛、二年在京」とあるように五年ごとの上洛でした。『蔭涼軒日録《いんりようけんにちろく》』の長禄三年（一四五九）十二月十五日条には、「吉良左兵衛佐殿、吉良右兵衛頭、仏事に十貫文寄進」と書かれ、西条吉良氏には「殿」が付けられており、家格が上に扱われていています。

応仁の乱が始まると、多年にわたって対立してきた東西吉良氏は真二つに分裂しました。この頃、「三川国吉良庄東条の事　牢人以下相支えるに依って、今ここに事行われず候か、所詮別して計略廻らし、早速義真代に沙汰し置くべく候也」（「大館記　足利義政御内書案」）とし、義真が東条吉良氏の動きに応じて三河に下向しています。おそらく西条吉良氏に対する永年の劣勢を一気に挽回しようとして、東条吉良義藤が立ち上がったものと思われます。文明元年（一四六九）には、西条吉良氏が東条の領地へ北から攻め入ったと思われ、山王山

（吉良岡山）で大河内光綱が討死にしています。この結末は、『西尾町史』では「義藤、兵を発して来り攻め。義真、激撃して大いに之を破り、義藤、遂に西奔して死所をしらず」と書かれています。

実相寺六世は直心是一《じきしんぜいつ》、七世が即川玄三《そくせんげんさん》（一三八三年没）と続き、その後は輪住になりましたが、応永二十五年（一四一八）十二月には吉良氏侍女の清信尼瑞貞が大般若経収納箱の唐櫃を寄進し、正長二年（一四二九）七月から九月にかけて、竜門寺、宝珠庵、宝光寺、正宗庵、知足庵の塔頭や末寺に雲版が鋳造されています。また、十五世紀中葉には五山文学僧の詩文に実相寺や吉良荘がしばしばあらわれ、その繁栄の一端が知られます。

永正十（一五一二）年四月、冷泉為広は駿河守護今川氏親に招かれて「富士見」を目的に、鈴鹿峠を越えて駿河国に下向する際、実相寺末寺真如院に宿泊して和歌を詠み、吉良荘を通過しています。その道中記「為広駿州下向記」は、この地方のようすを伝える貴重な資料となっています。

十三日　大野ヨリ立テ、ナラワ（成岩）ト云ル渡舟ニテ大浜ノ渡ト云ル舟ニ乗也。
　今夕鷲塚ト云ル一向宗ノ坊（願随寺《がんずいじ》）ニ付、惣ノ山名ヲハ鷲山ト云也。

十四日　鷲塚ヲ立テ西条ト云ル上吉良殿ノ在所ヘ付ス。□□名実相寺末寺真如院ト号也。

西条ノ町ト云ル所ニ、実相寺ト云ル東福寺ノ末寺アリ。其末寺ニ真如院ト云ル宿ニテ侍レハ。

十五日　真如院ニ逗留シ侍ルニ、今日ヨリ結夏トテ法要ヲヲコナヒ侍ヤケレハ。

十六日　真如院ニ立侍ルニ、今日モ雨ヤマス侍レト立侍トテ。

真如院ヲ立テ下吉良東条ノ東幡豆ノ長栄寺ト云ル小寺ニ付、此寺打竹雪ノ寺此辺ノ□渡ニホソ池（細池）ノ渡、カマヤ（鎌谷）ノ渡トテ二アリ。

十七日　西条ノ真如院ヲ立テ東条ノニテ侍レハマシマシ。

三河東条也長栄寺ニテ本尊観音　門前海ニテ侍レハ

琵琶嶋（東幡豆前島）ヤ　心ヒケネト　青海ノ　波ノヲスケテ　浦風ソ吹

今日下吉良左京大夫樽肴種々被レ送レ之候。

十八日　長栄寺ヲ立、舟也。幡豆ヨリ舟ニ乗松原トイヘル所へ付。

伊勢から海路で知多郡大野に入り、知多半島を横断して成岩《ならわ》に至り、海路にて大浜（碧海《へきかい》郡）へ着き、鷲塚から渡舟で西条（上吉良殿在所）にある実相寺真如院に着して宿をとっています。二日滞在し、細池と鎌谷の二つ渡を通過して東条（下吉良殿在所）に入り、「門前海にて」とあるよう三河湾に面した幡豆長栄寺に逗留。その後、海路で恋の松原（蒲郡）、笠嶋（渥美郡）に至っていきます。このルートは京から東国への一般的な交通路であったと思われます。福地地区の低湿地は、細池ノ渡で弓取川を、鎌谷ノ渡で広田川（横須賀川）を通過して、幡豆に至っています。天文十三年（一五四四）に連歌師宗牧がこの辺りを通過する際には、「わしつかの寺内一見してわかれたり、向かいは吉良義昭大家《たいか》御里成べし、ここの眺望えもいはぬ入江の磯なり、船より馬ひきおろさせ、うちはへ行ほど、むさしの国まで思いやられる野径うち過ぎて岡崎につきたり」（「東国紀行」）と記しています。

おわりに

実相寺は三河最古の臨済宗寺院で、開山である聖一国師の法統が教線を三河に進展させていきました。ところが武士勢力の盛衰、戦火による荒廃と再興の中で、十六世紀中葉に寺院勢力の大きな変化が生じました。実相寺も吉良氏の勢力が弱まるとともに衰退したと思われます。実相寺八世に太原雪斎《たいげんせっさい》を迎えると、永禄元年（一五六八）に今川義元が実相寺塔頭法光寺に寺領安堵を行っています。これは、雪斎の師琴渓《きんけい》が吉良氏出身であったため、その縁で寺領寄進などの積極的な保護がなされたものとみられ、当然、本寺の実相寺へも寺領安堵がなされたと想像されます。雪斎の「興隆」によって実相寺は東福寺派から妙心寺派に転じ、塔頭寺院や諸末寺もそれに従いました。しかし、永禄三年五月に織田信長の吉良進攻によって実相寺は焼失したと伝えられるように、戦火により実相寺全山が滅亡に近い状況がおこったと思われます。この時、創建以来の聖教や古文書は焼失しましたが、僅かに釈迦堂や諸仏などは被害を免れました。

実相寺の復興は天正年間には既に行われていたと思われ、家康の家臣鳥居彦右衛門元忠が遠江国宇布見《うぶみ》村（現浜松市）弘忍寺《こうにんじ》の仏殿（釈迦堂）を移築しました。弘忍寺は旧長保寺が妙心寺派へ転派したもので、転派開山の仲山宗甫《ちゅうざんそうほ》が実相寺九世であったためと考えられます。慶長八（一六〇三）年三月に臨済宗方丈として古式をよく残した大型の方丈が、元禄年間（一六八八〜一七〇四）には庫裏が建立されたと伝えられます。

長々と話をしてまいりましたが、西尾の中世は吉良氏と実相寺の資料を探るしか語ることができません。室町時代には吉良氏は「御一家」とか「御連枝《れんし》」の扱いをうけ、吉良荘を基盤とする名門の武家であったことを知っていただければと思います。

2

古代三河の国府・条里・交通路

金田章裕

金田　章裕（きんだ　あきひろ）

一九四六年富山県生まれ。京都大学大学院文学研究科博士課程地理学専攻単位修得退学。人間文化研究機構長、京都大学名誉教授。専門は人文地理学・歴史地理学。著書『古地図からみた古代日本』（中央公論新社、一九九九）、『古代景観史の探究』（吉川弘文館、二〇〇二）、『*A Landscape History of Japan*』（編、Kyoto University Press、二〇一〇）、など。

1 郡・郷・駅

『和名抄』（九三〇年代成立）に記載された各国の郡・郷名は、池辺彌《わたる》によれば九世紀前半ごろの状況と考えられています。池辺の考証によれば、三河国は、碧海《あおみ》郡一六郷、額田郡八郷、賀茂郡八郷、幡豆《はず》郡八郷、宝飫《ほい》郡一三郷、八名《やな》郡七郷、渥美郡六郷、設楽郡四郷からなっていました。

ここに列挙した郡とは、令制の施行と共に、それ以前の行政組織「評」を基礎とし、分割・再編の過程を経て成立したもので、明確な境界をもった領域であったとみられます。

郡を構成した郷とは、大宝令（八世紀初め）・養老令（八世紀半ば）では里と称した単位の後身であり、里は五〇戸を基本的な単位としていたので、郡と異なり、明確な領域で画定されたものではなかったとみられます。この戸は、班田収授法による口分田給付の行政上の単位であり、また土地税である租、人頭税ともいうべき庸・調の課税単位でした。さらに労役や徴兵などというべき、雑徭《ぞうよう》・防人《さきもり》などの徴用の際にも、男女・年齢による差はあったものの、やはり責任の単位は戸でした。

要するに郷は、本来人の行政的まとまりの単位でしたが、境界線が画定されたものではなかったとしても、自ずからそのまとまりの中心的所在地は存在したとみてよさそうです。『和名抄』の時期には、この傾向は一層明らかであったとみられます。

駅についても領域は同様に明確ではないですが、駅の施設を伴う点において、中核施設については郷より明確な位置が確定していたとみられます。

さて、『延喜式』巻第二十八兵部省には、

参河国驛馬。鳥捕《トヽリ》、山綱、渡津《ワタツ》各十疋。伝馬。碧海《アヲミ》、宝飫《ホ》郡各五疋。

と記載されており、三河国には三駅・二伝馬が配置されていたことも知られています。静岡県の伊場遺跡出土木簡には「鳥取駅家」という名称がみられます。池辺の考証によれば、碧海郡駅家郷に鳥捕駅、額田郡駅家郷に山綱駅、宝飫郡渡津郷に渡津駅を配していきます。

古代には、都から東西南北の六つの道に向って官道が整備され、官道沿いには駅が設置されました。三河国を通過する東海道の場合、大路・中路・小路に分類されたうちの中路であり、各駅に駅馬《えきま》一〇疋《ひき》を配置することとされていました。従って、右のような『延喜式』記載の駅馬数は規定通りとなります。

東海道では、駿河国国内である曲金《まがりかね》北遺跡で道路遺構が検出されていますが、その道幅は両側の側溝の中心間でほぼ12mです。しかも、南北の谷口は近世の東海道とほぼ同様ですが、近世のそれが、ゆるやかにまた駿府市街地では直角状に湾曲しているのに対し、古代のそれは直線状に構築されていました。

三河国では、近世の東海道は、碧海郡、額田郡、宝飫（飯）郡を通過しています。ルートはゆるやかに湾曲しているものの、全体としてほぼ直線状であり、基本的に古代の官道を踏襲しているとみられます。従って、鳥捕、山綱、渡津の各駅は、その各郷に設置されていたものとみられます。先に紹介した池辺による考証結果もこれと矛盾しません。詳細な位置については改めて検討を必要としますが、以上のような全般的状況をまず確認しておきます。

2 三河国府・宝飫郡家

やはり『和名抄』に、三河国府が宝飫（飯）郡に所在したことを記しています。国府所在郡については、このように文献を拠りどころとすることができるものの、さらに、どこにどのような規模の国府城を推定することができるか、という発想を軸にして研究が展開してき

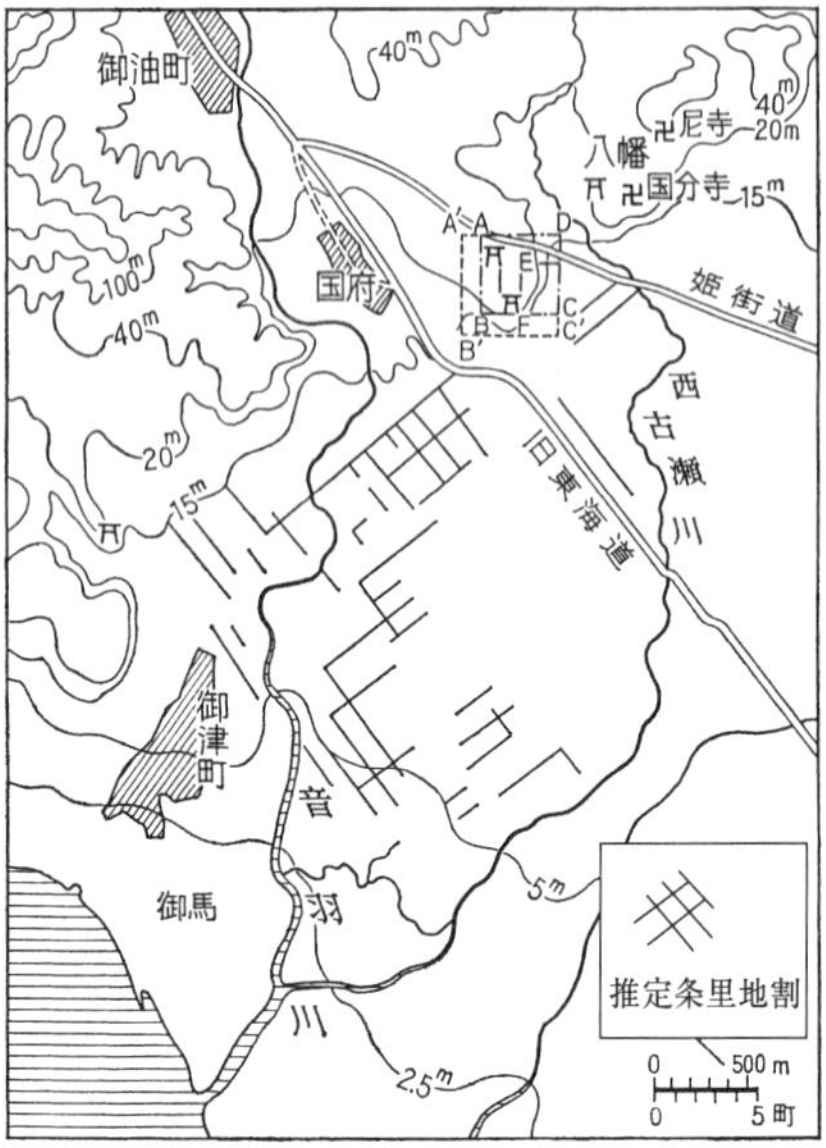

図１　藤岡謙二郎による三河国府の位置とその外港の推定

ました。具体的には、都城のミニチュア型ともいえる、方形の外形と方格の街路の存在を想定するものでした。

この方向の研究の主導者の一人であった藤岡謙二郎は、三河国府を、愛知県豊川市内の近世東海道が豊川平野に出る谷口付近の国府集落東方に相当する音羽川東岸付近に推定しました。旧東海道東の総社、白鳥神社付近の印辺・御馬・大臣等の地名に注目し、周囲とやや異って東西・南北方向の地割がみられるこの一帯に図1のような方五町（A′B′C′D′一辺約576m）と方四町（ABCD）の二つの方形の国府城の可能性を推定しました。音羽川の少し下流西岸にある御津町という集落名にも、外港に由来する可能性を指摘しています。

これに対し、木下良もまた先に述べたような方形方格の国府城を想定する視角で検討を加えました。藤岡とは異って、図2のように国府という地名に加えて、近くに位置する神社、

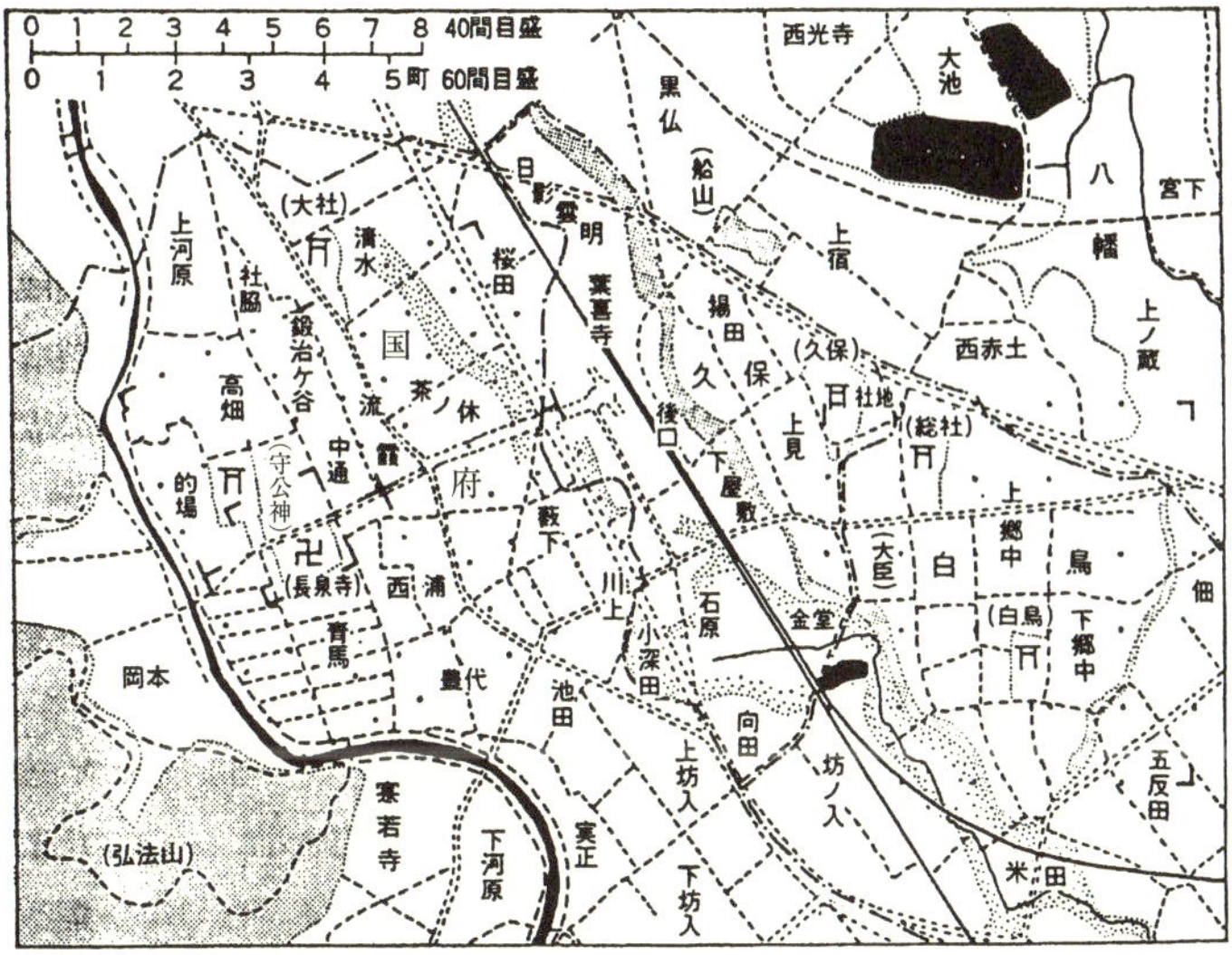

図2　木下良による三河国府域関連の説明

守公神の所在を重要視しています。さらに音羽川の屈曲などの状況を勘案して、四〇間を単位とする方八町の国府城を想定しています。守公神と国府との関連は他の事例から考定されているものです。

豊川市教育委員会は、藤岡の国府推定地をA説、木下の推定地をB説として調査を進めてきましたが、その結果を次のように整理しています。A説と整理されている白鳥遺跡では、図3のような総社周辺の七次にわたる発掘調査によって、律令期の各種遺構が検出されました。柱間九間の柱穴列一七間以上、幅約3mの南北大溝、幅約2.2mの東西溝、先行する掘立柱建物跡と石組の雨落溝を伴う建物跡、などが主要なものです。また出土遺物としては、素弁十葉と

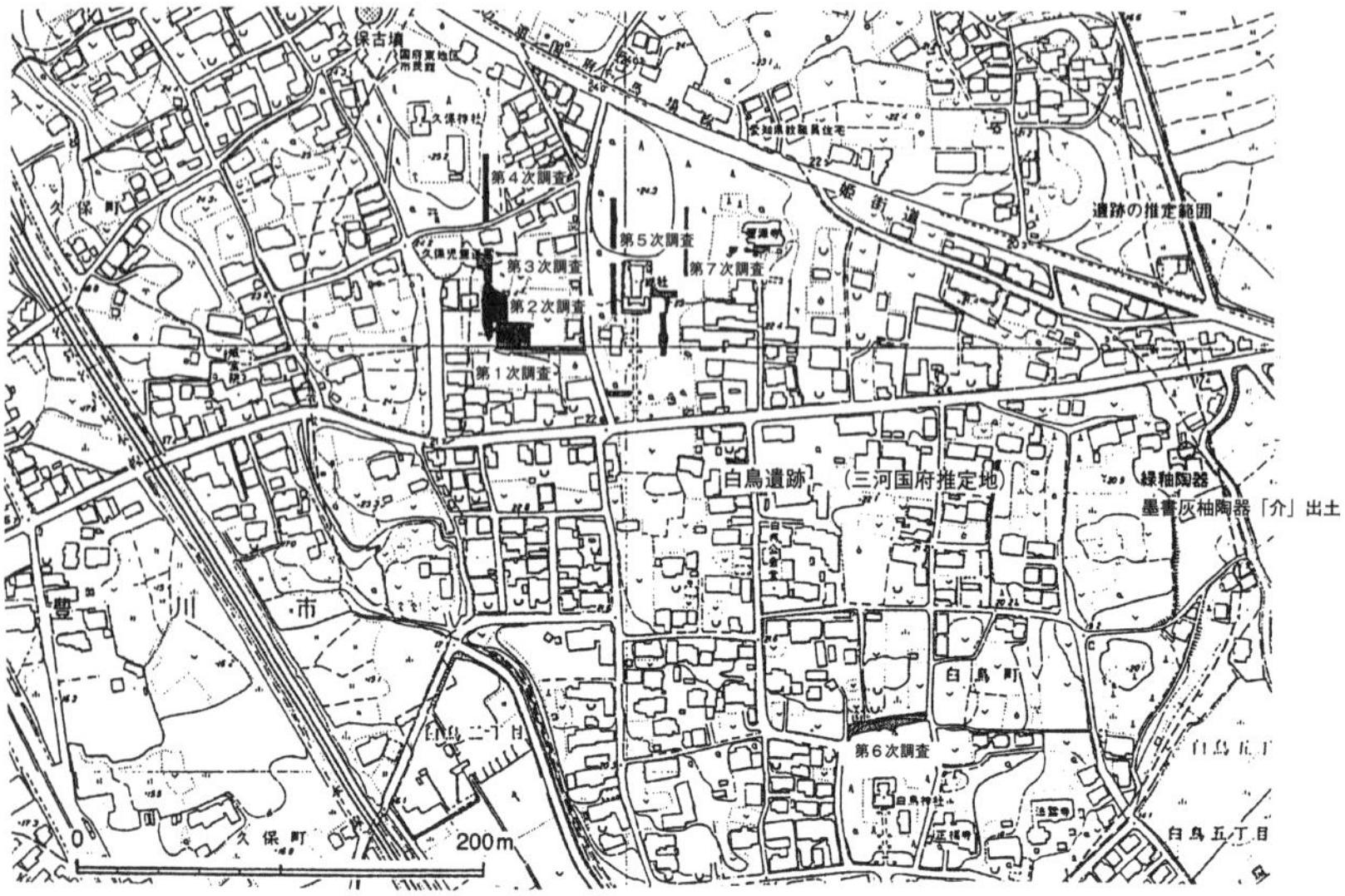

図3　白鳥遺跡（三河国府推定地〈A説〉）の概要

素弁八葉の蓮華文軒丸瓦、偏行唐草文の軒平瓦、「介□」、「明」、「能」と判読された墨書土器、蹄脚硯・円面硯・石帯等が確認されています。

なお、白鳥遺跡の東約1㎞には国分僧寺・尼寺の所在が確認されています。

B説については、遺構・遺物等も確認されてはいませんが、応永二三年（一四一六）の古鏡銘文に「三河国宝飯郡府中守公神鏡」とあり、室町時代に府中と称されていたことが知られます。この報告では、A説付近から、B説付近への移転の可能性も検討対象であろうとしています。

以上のように、白鳥遺跡が少なくとも律令期頃の国府であった可能性は高いのですが、その具体的構造は不明の点が多いのです。

国府プランに都城のミニチュア型のものを想定する従来の考え方は、考古学的発掘調査が進展するに従って疑問が多くなっています。

平城京・平安京の都城とは、方形方格の外形・街路パターンと、基本的に市街を充塡する各種施設・邸宅・住居から成るものですが、国府については、当然各種施設や各種邸宅・住居から成るとしても、その景観と分布は、限定的、分散的であったと考えられます。道路・水運等によって機能的には結びついていたとしても、都城のミニチュア型を想定するのは困難です。

筆者はこれを、「市街不連続、機能結節型」と表現していますが、具体的には、図4のように現在のところ、少なくとも三類型を考定すべきだと考えています。

三河国府の場合、いずれの類型かは不明ですが、図3のように総社周辺で遺物・遺構が検出されている他、図3東端付近で「介」の文字のある灰釉陶器が出土しており、さらに東方に国分僧寺・尼寺が所在します。近世東海道は前述のように、図3西方を斜行していたので、古代の状況としては、官道の東側の台地上に、施設群が三々五々と展開していた可能性が高いのです。

東西に施設群が展開していることに注目すれば、図4Bの東西中軸型の一種と考えられる

図4　国府域の類型（金田、一九九五）

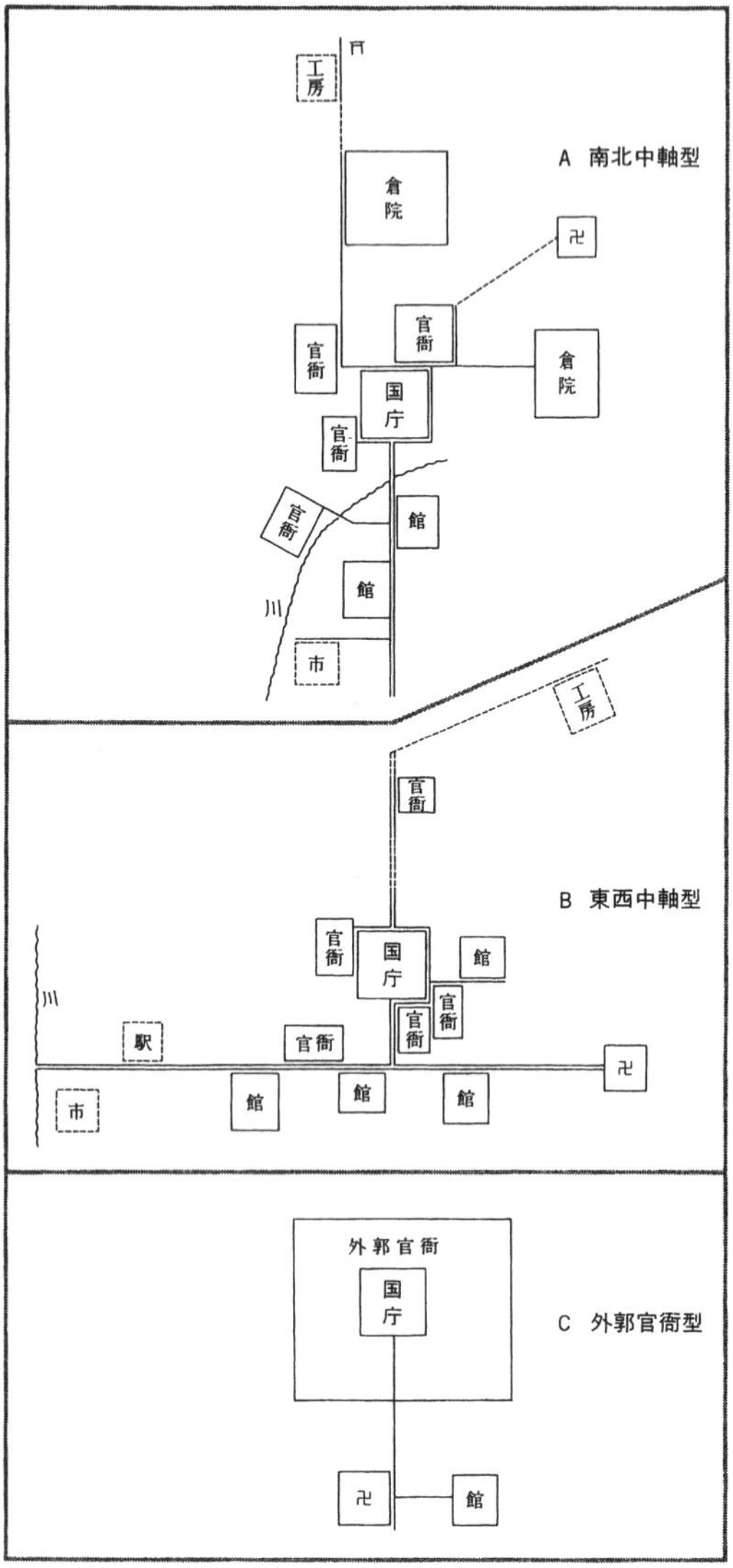

可能性もあります。

さて、宝飫（飯）郡家の所在地について、かつて御津町上佐脇に、大郡という小字地名が存在し、その所在地であった可能性を指摘したことがあります。小字の範囲と地割からほぼ方三町の宝飯郡郡家域を推定できるとしました。しかし、現在までのところ、関連する遺物・遺構が検出されてはおらず、可能性のままです。むしろ、豊川市市田町所在の伊知多神社周辺の方が可能性があるとの意見もあります。

3 古代官道と駅

古代東海道の道路遺構としては、静岡市曲金北遺跡の直線状道路遺構がそれに相当するであろうことは前述した通りです。

三河国では、豊川市八幡町上ノ蔵の上ノ蔵遺跡が、注目すべき道路遺構です。特にその幅が曲金北遺跡より広いことに注目されます。人為的な盛土で築造された基底部幅約22m、道路部分幅19m、盛土の高さ1.5mと報告されています。この破格の道幅は上ノ蔵遺跡が台地の間の谷の部分に築造されており、堰としての機能も有していたためであることが推定されています。

ここで特に注目しておきたいのは、上ノ蔵遺跡が、国府推定地の白鳥遺跡の所在する台地と、東方の国分僧寺・尼寺が位置した台地との中間にあたることです。先に、国府の施設群が東西に広く分布していることから、東西中軸型の構造を想定しましたが、その中軸となった道路の可能性があります。

さて、三河国の駅家はすでに述べたように、『延喜式』では鳥捕・山綱・渡津の各一〇疋であり、『和名抄』の碧海・額田・宝飫三郡にみえる駅家郷と対応します。従って三河国初駅の鳥捕駅は矢作川と尾張国界との間の碧海郡内に比定されねばなりません。

尾張の二村山から三河の矢作川との間について、『更級日記』・『海道記』・『東関紀行』・『十六夜日記』など一一世紀から一三世紀にかけての旅行記はいずれも「八橋」を経由地としてあげています。この八橋は境川の支流である逢妻・男川の碧海台地上の小開析谷に位置する知立市八橋に比定されています。従ってこの八橋と二村山を結ぶところの現東海道の東北側に断続的に併走する道路（図5参照）が当時の交通路であったと推定してよいでしょう。しかもこの道路はさらに東南方へ延びて岡崎市宇頭付近で碧海台地から矢作川氾濫平野へ下ります。

ところでこの標高約20mの碧海台地上を斜行する前述のルート沿いには図5のような逢妻川・男川・猿渡川の三本の浅い開析谷がある他はすべて高燥な洪積台地の連続であり、駅家と駅家郷を台地上に比定するとすればこれらの開析谷以外には考え難い状況です。しかしこの三地点のいずれに鳥捕駅を比定したとしても、二村山と後述する山綱駅比定地との間では二村山側に寄り過ぎることとなります。そこで台地端の宇頭付近に仮定してみると距離的には丁度よい位置を占めることになります。図6の如く、この付近には二基の前方後円墳を含

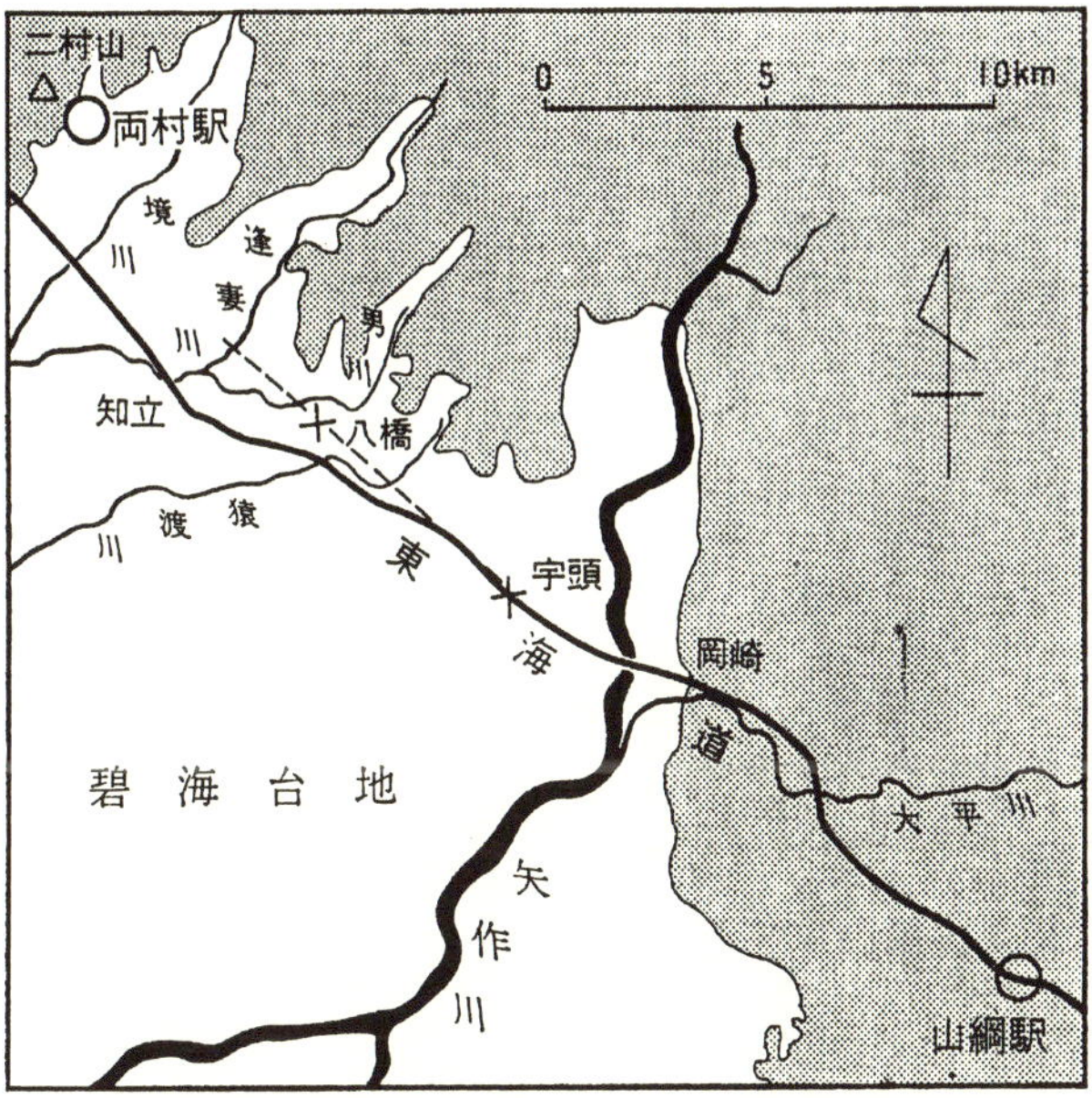

図５　鳥捕駅・山綱駅説明図（金田、1978）

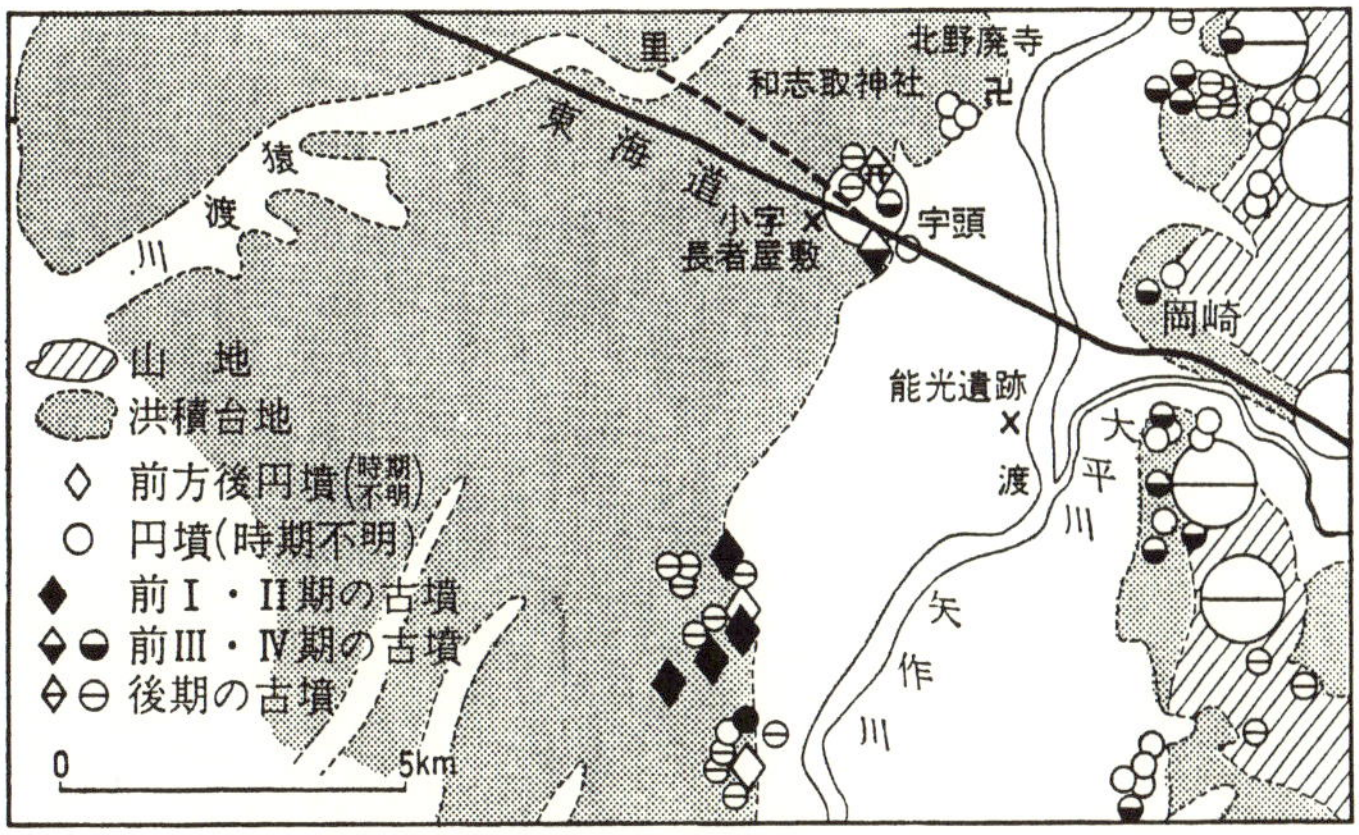

図６　鳥捕駅・矢作川渡河地点付近（金田、1978）

む一九基の古墳が集中し、すぐ北東部には奈良時代の北野廃寺跡もあって矢作川流域有数の古文化地帯です。宇頭のすぐ北には式内社和志取神社があって『和名抄』鷲取郷が比定されています。従って、通説の鳥捕と鷲取の類似という根拠を離れても、ここは鳥捕駅の位置としての条件に不足はないといえましょう。駅家を推定する参考となる小字地名は検出できなかったので具体的な位置については不明ですが、考え得る発生の理由・時期ともに『延喜式』当時の駅家とは結びつかないとしても、やや下る時代の交通路に関連する可能性のある長者屋敷の小字地名が所在することを申し添えておきます。

さて、『類聚三代格』所載の承和二年（八三五）の太政官符には

参河国飽海・矢作両河各四艘。元各二艘。今各二艘を加う。

と記されており、矢作川にも渡船が設置されていたことが知られます。その渡河地点は矢作川と大平川との合流点西岸の渡集落の位置する自然堤防の付近と考えるべきでしょう。この自然堤防上には平安期頃の瓦の出土する能光遺跡があり、少なくとも当時から存在した自然堤防であることは確認されています。しかもここより上流では矢作川と大平川を二回に分けて渡河する必要がありますが、渡付近では一回で渡河が可能であり、宇頭と次の山綱駅とを最短距離で結ぶことのできる地点でもあります。ここに渡河地点を推定しておきます。

一方、山綱駅を額田郡旧山綱村に比定することは異論のないところでしょう。旧山綱村内

およびその周辺にはそれ以上の詳細な位置を推定すべき小字地名その他の根拠を見い出すことはできません。しかし、山間にあって地形的制約の大きい山綱付近では近世以後の東海道とほぼ同様のルート以外には交通路を推定し難い状況です。

平安・鎌倉の旅行記にはいずれもすでに鳥捕・山綱の駅名はみえないところをみると、このような交通路はその後も踏襲されたにしろ、駅家そのものは比較的早く衰退したものとみてよいでしょう。

『更級日記』では記述方向は逆ですが、「浜名の橋」から「ゐのはなといふ坂」を登って「三河国の高師の浜」に至り、その後の記述は前後混乱するものの「宮地の山・しかすがのわたり」を経由する旅程を示します。「宮地の山」とは宝飯郡音羽町赤坂西方の宮路山と考えてよいでしょうから、「ゐのはなといふ坂」を猪鼻駅付近と考えると、『延喜式』以後約百年を経た寛仁四年（一〇二〇）においても同様の交通路の所在が知られることとなります。しかも菅原孝標の女《むすめ》は「高師の浜」を経ているから、旧高師村（現豊橋市高師原付近）を通る近世以後の東海道のルートともほぼ同様とみなしてよいでしょう。

ところで、豊橋平野の微地形は図7の如くであり、近世以後の東海道沿いの標高約1mの自然堤防部には弥生中～後期の瓜郷遺跡があります。この瓜郷の発掘結果に図7のような条里遺構分布などを考え合わせると、律令時代頃の豊川下流域の海岸線は東海道本線付近であ

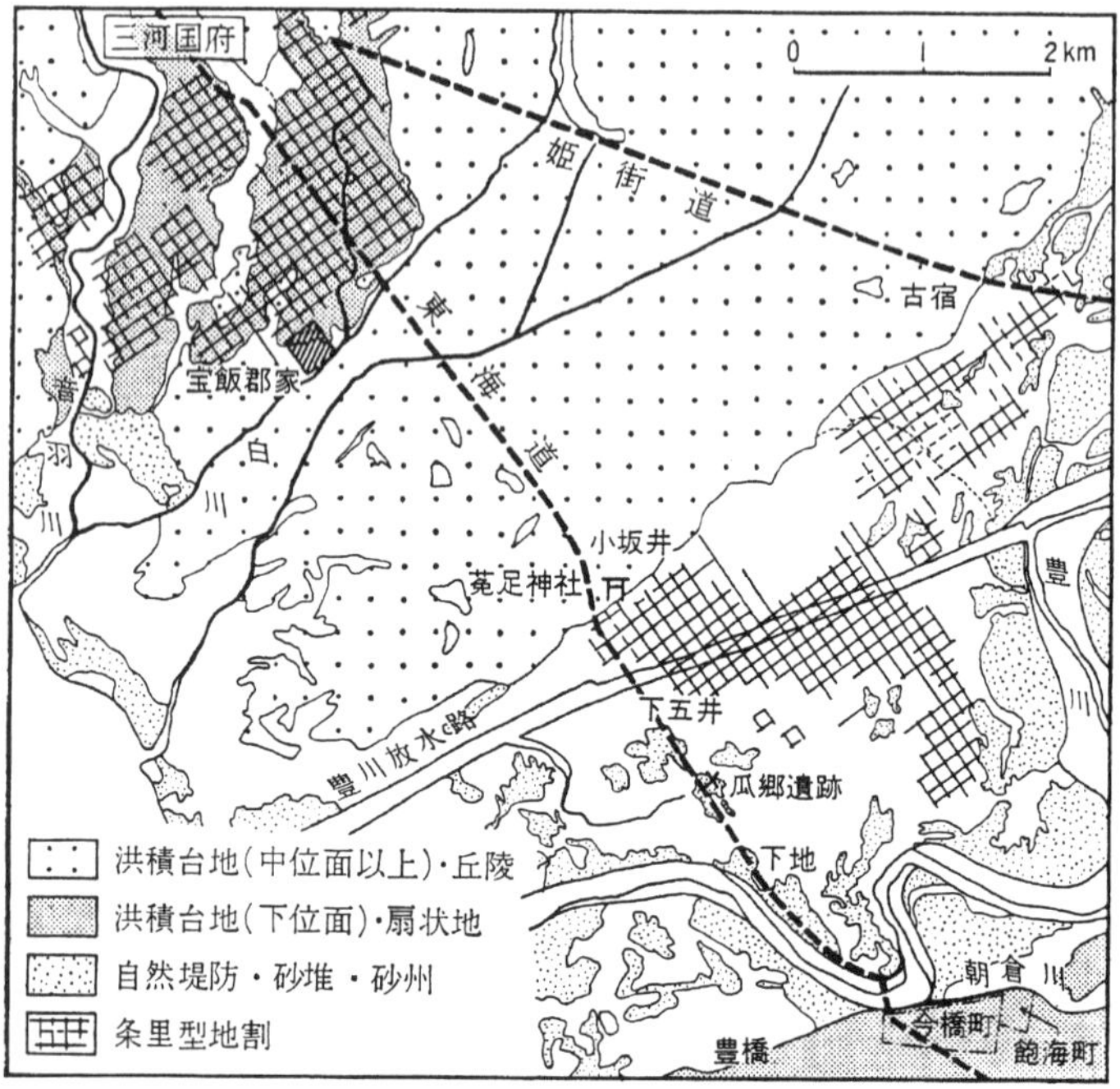

図7　豊川平野の古代交通路説明図（金田、1978）
（地形分類は土地条件図を簡略化）

ったと考えてよいでしょう。従って豊川渡河地点はこれより上流側と考えるべきであり、近世以後の東海道も、洪水の危険は免れ得ないとしても、地形条件からは律令期の官道として利用可能な位置であったと考えるべきでしょう。一方、前記の太政官符には豊川の名はみえず「飽海河」が記されています。飽海の名称は近世には現在の豊橋市飽海町付近（図7参照）の村名として使用されており、飽海河は豊川下流部をさすとみてよいようです。とすれば渡船の位置は矢作川などと同様に、一回で渡河できる地点、すなわち豊川と朝倉川との合流点より下流である可能性が高い。しかもこの合流点付近は図7のように左岸が洪積層とその下流側に付着した自然堤防からなり、右岸にも下地の集落をのせるよく発達した自然堤防があって安定した渡河地点となり得たと考えられます。

一三世紀前半の『海道記』・『東関紀行』の旅程はいずれも「豊川」あるいは「豊河宿」を経由し、渡津もしくは飽海を通っていません。この豊河宿は豊川市古宿付近の旧豊川村に比定されるから、当時は近世の姫街道に類似したルートが重要であったことが知られます。しかし伝治四年（一二四二）八月の記録である『東関紀行』には、「豊川といふ宿の前を打過ぐるに、ある者のいふを聞けば、この道をば昔よりくるかたなかりしほどに、近頃より俄かに渡津の今道といふかたに、旅人おほくかかる間」と記していて、豊川経由と渡津経由が全く別ルートであることを明示し、渡津ルートの一三世紀前半における復活を述べています。しかもこの後の建長四年（一二五二）の『吾妻鏡』の旅程、建治三年（一二七七）の『十六夜日記』の旅程は渡津を経由するものであり、このことを裏付けています。さらに正安三年（一三〇一）編集の『宴曲集』には、「問えば遥けき東路を、渡津かけて見渡せば、新今橋の今更に、又立ち帰る橋柱」と、渡津経由のルートに新今橋なる橋の存在さえ示しています。ところが、図7のように飽海町の西側に今橋町という町名があるから、これが新今橋と関連するものとすれば、国道1号線の吉田大橋の建設がはからずも鎌倉時代の今橋の再現ということになります。以上のように一三世紀に復活した渡津経由のルートは、近世以後の東海道とほぼ一致するものであり、おおむね律令時代までも遡る可能性はあるとみなしてよいでしょう。

さて『和名抄』には宝飫郡に駅家郷のほか度津《ワタムツ》郷を記載していますから、『延喜式』渡津《ワタツ》駅は度津郷と隣接する位置に考えるのが自然です。洪積台地上の小坂井町小坂井にある菟足神社の応安三年（一三七〇）の鐘銘に「宝飫郡渡津郷兎足大明神」と刻まれているから、度津郷はこの付近であり、台地前面の沖積面の耕地を主たる基盤としていたものでしょう。従って渡津駅もまたこの付近に比定されねばなりませんが、碧海台地の場合と同様に北側の高燥な台地上に駅家郷の比定をするにはかなり無理な仮定を前提とせねばならず、しかも距離的にも山綱側にかたより過ぎることになります。そこで小坂井の南側で駅家立地の適地を求めると、当時の海岸線に近いデルタ上にある図7のような下五井・下地・瓜郷の三カ所の微高地付近に考えるのが最も妥当でしょう。しかしこのいずれに渡津駅を推定すべきかについては、現在は全く不明としなければならず、地籍図の検索によっても、推定のよりどころとなるような地名傍証は得られません。現在までに発掘された瓜郷遺跡やさらに上流の大蚊里・篠束各遺跡でも奈良・平安期頃の遺物・遺構の発見はないようです。

いずれにしろ宝飫（飯）郡条里の方向と一致した直線状の近世の東海道が、少なくとも鎌倉時代の「渡津の今道」まで遡る可能性は高く、さらに『延喜式』官道とも大きく異なるものではないと推定されます。前述の『更級日記』の後、一三世紀前半までの間のこのルートの衰退は豊川の氾濫による一時的荒廃と解することも可能でしょう。またこのような興廃は遠江国の浜名湖の湖北・湖南のルートの盛衰とも密接にからむものです。

さて、この豊川ルートと渡津ルートの分岐点付近には三河国府があり、国分僧寺・尼寺はその北東の豊川市八幡町にありました。また図7にも示したように御津町上佐脇には小字大郡が存在します。三河国の伝馬は碧海・宝飯二郡各五疋ですが、宝飯郡に限っていえば、大郡の地を郡家と仮定すれば推定官道に近く、伝馬が郡家に配備されていたとしても十分使用に便利であったろうことが推定されます。

4 条里プラン

すでに説明に使用した図1、図7には、条里（型）地割の分布状況が示されています。従来「条里制」という言葉が、条里地割と条里呼称法・班田収授法などと暗黙の内に不可分のものとして考えられてきました。

しかも、条里地割の説明を田令の面積規定にひきつけて解釈してきた従来の考えにあっても、条里呼称法にかかわる規定・説明を、令をはじめとする法制のどこにも見いだしてはいませんでした。この点について初めて明確な推定をしたのは岸俊男であり、天平一四（七四二）に始まる班田図の整備が条里呼称法の成立にかかわると指摘しました。事実、条里呼称法の初見史料は天平一五年の弘福寺領山背国久世郡田数帳です。班田の実施が『日本書紀』に「班田既訖」と記すように白雉三年（六五二）のこととすれば、それから九〇年間、「班田大夫等を四畿内に遣わして」と記す持統天皇の六年（六九二）以来とすれば、それから五〇年間、班田収授は条里呼称法なしで実施されてきたことになります。つまり、条里呼称法の整備と班田制は全く別の起源を有するシステムであったことになります。田令が「給し訖《おわ》らば、具《つぶさ》に町段及四至を録《しる》せ」とのみ規定し、条里プランに言及していない状況とも合致します。

このような状況から、分かち難く班田収授と結び付いて使用されてきた条里制という用語とは別に、条里地割と条里呼称法とからなる土地管理システムを「条里プラン」とでも呼んで、概念と議論を明確化することを筆者は主張しています。

条里呼称法が導入・整備されて条里プランが完成するのは、八世紀中ごろのことでした。この時期は、養老七年（七二三）施行の三世一身法と、天平一五年（七四三）施行の墾田永年私財法を受けて、律令の土地制度の大きな転換期でした。墾田が急増し、口分田・乗田といった従来からの土地の記録・確認に加え、墾田の許可やその記録、さらには口分田・乗田等との峻別といった、行政手続きの煩雑化と行政実務量の激増の時期であったとみられます。これに対応すべく導入・整備されたのが条里プランであり、これを図示したのが班田図であったとみられます。

従って、条里プランの完成の時期は、おそらく実務上の要請に従って国による遅速があり、山背国・尾張国・上野国などでは天平一四年（七四二）と考えられ、伊賀国では天平二〇年（七四八）、越前国では天平勝宝七歳（七五五）ごろ、讃岐国・阿波国が天平宝字元年（七五七）ごろ、摂津国は天平勝宝八歳（七五六）と神護景雲元年（七六七）の間、とさまざまであったと推定されます。

さて、完成した条里プランは、面積一町の区画を単位として各種の土地の記録・峻別・許認可の手段として使用され、校班田図ないしは田籍に、条里呼称法に従って標記・記載されました。従って前述のように、一町方格こそが条里地割の基本属性であったことになり、それ以下の単位の地割は、必ずしも一段単位の規則的なものではなかったと見られます。

この時期、つまり校班田が六年ごとを基準として実施され、原則としてその度ごとに校班田図が作製された八・九世紀ごろの条里プランを、それ以後のやや異なった機能を果たす時期のそれと区別するとすれば、律令の条里プランとでも呼ぶことが可能でしょう。

ただ、一町方格を基準とした土地管理システム自体は、条里プランの完成以前から存在していたと見られ、前掲の天平七年（七三五）弘福寺領讃岐国山田郡田図にもその方格が描かれています。ただその呼称は、「○条○里○坊（坪）」といった条里呼称法ではなく、「樋蒔田」や「茅田」のような小字地名的名称でした。

九世紀ごろには、青苗簿帳の制度が再規定されるなど、土地管理システムが細部に至るまで整備され、律令の条里プランの成熟期を迎えました。しかし、一〇世紀以降になると班田収授が行われなくなるなど、程なく土地制度の変化の時期に入りました。ところが、国衙所管の校班田図は、国図と称されて土地管理の固定的基準として用いられ続け、免除領田制の官物免除の手続きや、土地をめぐる複雑な権利関係の記録や維持のため、さらに荘園などの境域を画する基準として、多くの場所で条里プランが重要な役割を果たし続けました。条里プランの坪の区画は、律令の条里プランの時期以上に土地管理および権益や負担の単位として強く機能し、国司ないし国衙の土地管理機構あるいはそれに準じた土地管理様式が存続した期間を通じて、この機能が持続した場合が多かったのです。この時期の条里プランを国図の条里プランと呼ぶことにしておきます。

ところが、一二世紀ごろになると、一つの領域型（一円）荘園の範囲内のみで完結した土地表示システムとして、あるいは条里呼称法の様式をとどめつつも、新たに編成されるか旧来のものを再編した別の形としての条里プランが出現する場合があり、これを荘園の条里プランとでも呼ぶことができます。荘園の条里プランの中にも、一町方格を基準としたものが多く、国図の条里プランの段階と同様に、これもまた条里地割の形成・維持・展開の要因となった場合が多かったと見られます。

つまり、一町方格の条里地割は、律令の条里プランの時期のみならず、国図の条里プラン、荘園の条里プランのいずれの時期にも形成が進んだ可能性があり、一町方格内部の一段を単位とするような規則的地割形態については、土地管理の強化に伴い、国図の条里プランや、荘園の条里プランの下でこそ形成が進んだ可能性が高いのです。

以上の過程を簡略化して示すと図8のようになります。

それぞれの場所における条里地割そのものは、従っ

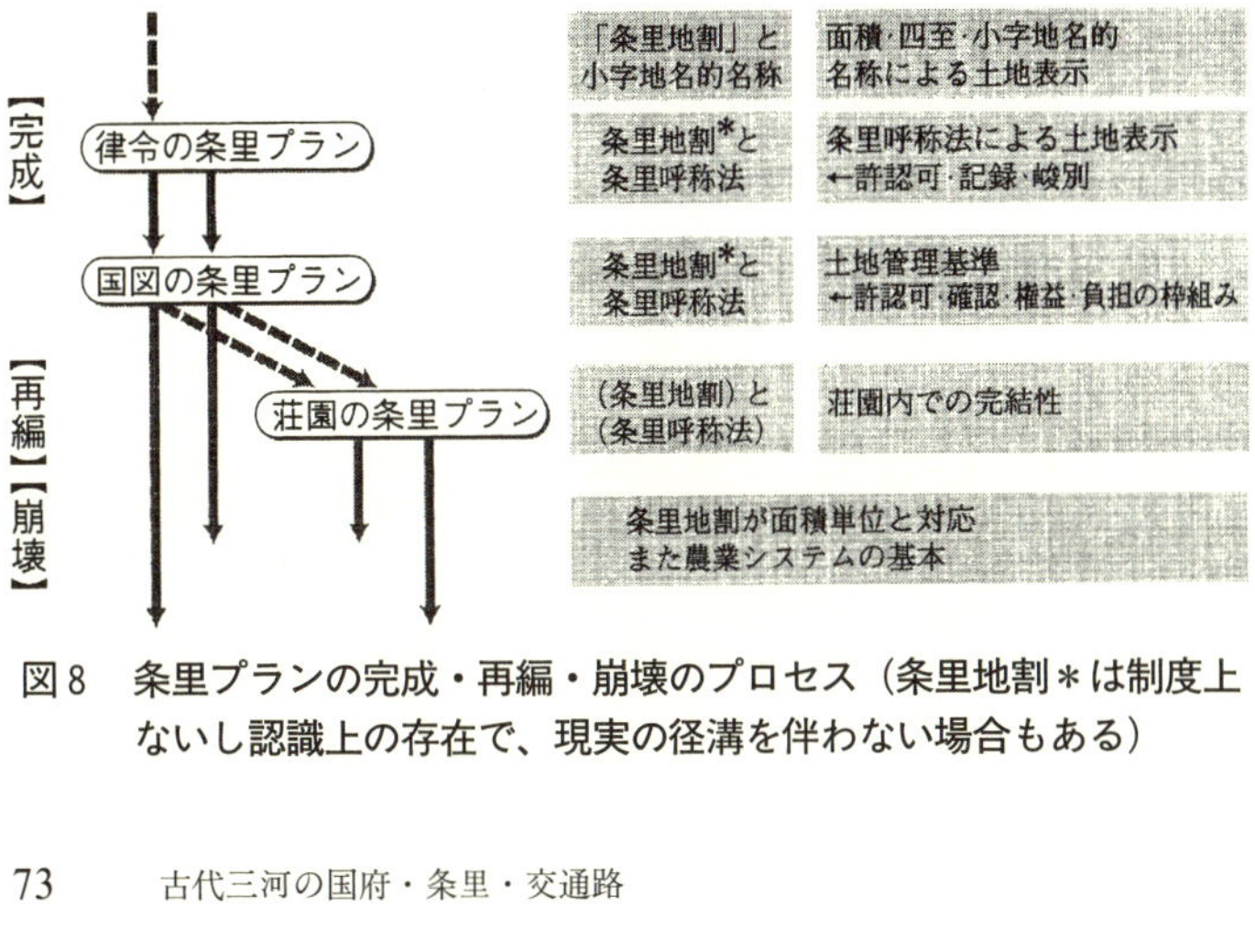

図8　条里プランの完成・再編・崩壊のプロセス（条里地割＊は制度上ないし認識上の存在で、現実の径溝を伴わない場合もある）

て実際に形成された時代はもとより、経緯も多様であることになりますが、全体としてはその分布状況が、律令期の状況を反映していることが多いのです。

三河国の場合、これらの三段階のいずれの条里プランについても、使用例を文書で確認することはできません。

しかし、矢作川流域に明瞭な条里地割は存在しませんが、豊川平野には図9のような典型的な分布がみられます。小規模な断片の分布は豊川上流部の一宮町西原、木戸付近、東上付近、金沢付近、豊川左岸の豊橋市賀茂町一帯、神田

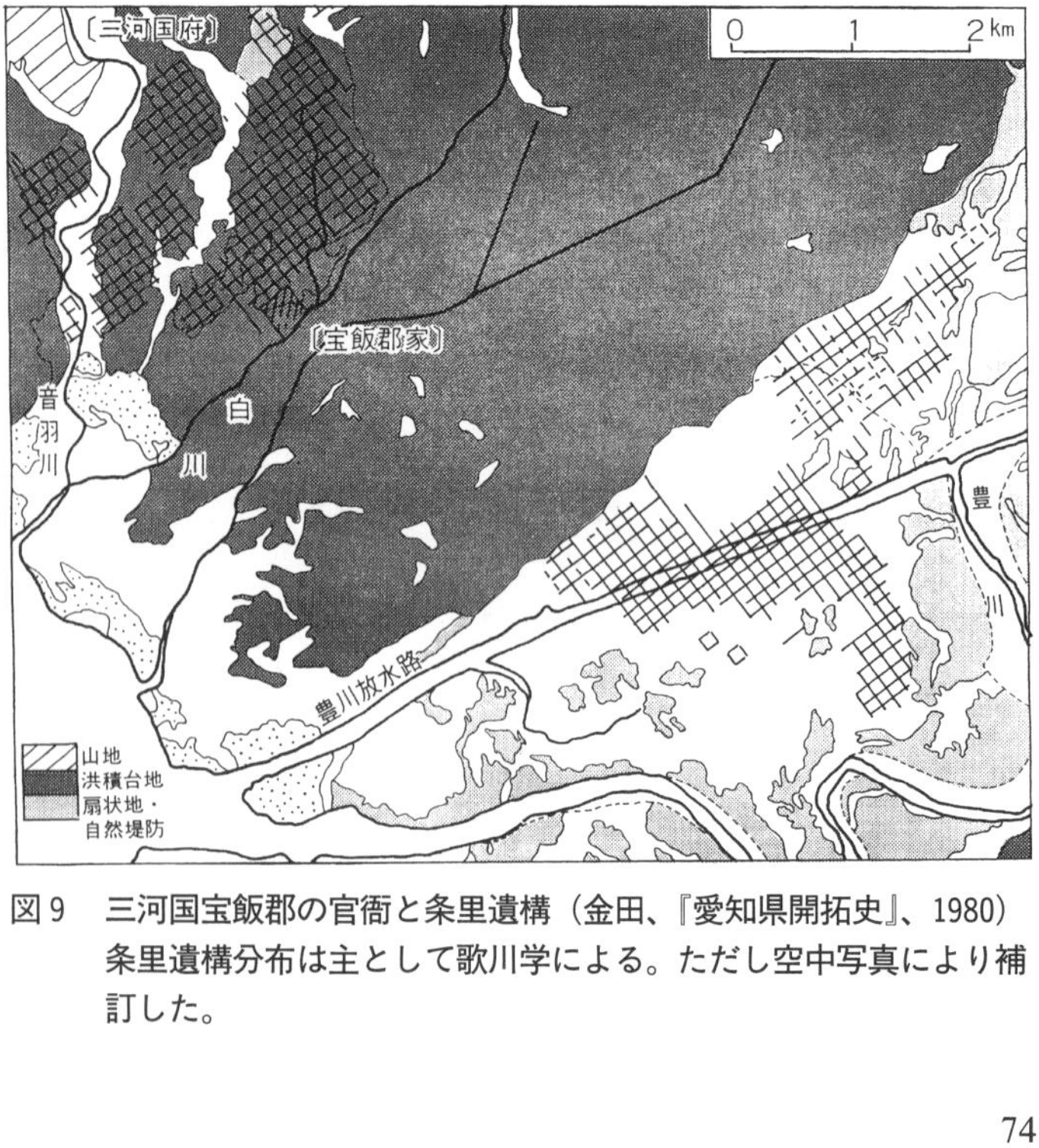

図9　三河国宝飯郡の官衙と条里遺構（金田、『愛知県開拓史』、1980）
条里遺構分布は主として歌川学による。ただし空中写真により補訂した。

川と豊川の合流点付近、神田川上流の小河谷平野、朝倉川上流河谷の多米町および福岡町付近などにもみられ、さらに渥美郡田原町旧野田村芦ケ池付近、旧神戸村、加治村の汐川河谷、渥美町福江の免々田川下流部などにも及んでいます。三河の場合でも分布地はやはり小河谷平野および洪積台地上の小規模な氾濫平野と、豊川の自然堤防帯における後背湿地部であり、それらの地域の開拓が全体としては先行したものでしょう。

※主要参考文献等

愛知県教育委員会編『愛知県遺跡分布図』、一九七二
池辺彌『和名類聚抄郡郷里駅名考証』吉川弘文館、一九八一
井関弘太郎「瓜郷遺跡の自然環境」、『瓜郷』豊橋市教育委員会、一九六三
歌川学「東三河地方における条里制の遺構Ⅰ、Ⅱ、Ⅲ」、『愛知大学綜合郷土研究紀要4、6、7』、一九五八、一九六〇、一九六一
太田亮『三河』(日本国誌資料叢書)、一九二六
岸俊男『日本古代籍帳の研究』塙書房、一九七三年
木下良『国府』教育社、一九八八
久曽神昇「志香須賀渡考」、『愛知大学綜合郷土研究所紀要4』、一九五八
金田章裕「三河国」、藤岡謙二郎編『古代日本の交通路Ⅰ』吉川弘文館、一九七八
金田章裕「古代(の開拓)」、『愛知県開拓史　通史編』愛知県開拓史研究会、一九八〇
金田章裕『条里と村落の歴史地理学研究』大明堂、一九八五

金田章裕「国府の形態と構造について」、『国立歴史民俗博物館研究報告』63、一九九五
金田章裕『古代日本の景観』吉川弘文館、一九九三年
金田章裕『古代景観史の探究』吉川弘文館、二〇〇二
国土地理院『土地条件図岡崎』、一九六五
国土地理院『土地条件図豊橋』、一九六七
豊川市教育委員会・前田清彦・林弘之「三河国」、『国府—畿内・七道の様相』日本考古学協会三重県実行委員会、一九九六
林弘之「上ノ蔵遺跡」、『愛知県埋蔵文化財情報15』愛知県教育委員会、二〇〇〇
林弘之「三河国」、古代交通研究会編『日本古代道路事典』八木書店、二〇〇四
藤岡謙二郎「三河の国府とその周辺」、『国府』吉川弘文館、一九六九

3

藤原仲麻呂の乱と西三河

軍士　石村村主石楯とその一族

荒木敏夫

荒木　敏夫（あらき　としお）
一九四六年東京都生まれ。東京都立大学大学院博士課程中途退学。専修大学教授。日本古代史。著書『日本古代の皇太子』（吉川弘文館、一九八五）、『可能性としての女帝』（青木書店、一九九九）、『日本の女性天皇』（小学館、二〇〇六）、『日本古代王権の研究』（吉川弘文館、二〇〇六）。

はじめに

タイトルに掲げました藤原仲麻呂は、学校教科書にも載る日本古代史上の人物です。他方、石村村主《いわれのすぐり》石楯《いわたて》は、正史『続日本紀』やその他にいくつかの足跡を残しているが、その事績はほとんど知られていないと思われます。

しかし、石村村主石楯が、藤原仲麻呂を討った当人であることを説明すれば、二人の関連については納得できるでしょう。

それでも、この二人の関係が、どうして三河の古代史に深く関わるかは、一般の方には理解されていないのが実情です。

本日は、以前『刈谷市史』に書いたことを踏まえて、今回新たに検討したことを付け加え、藤原仲麻呂・石村村主石楯と三河古代史が、どのように関わるのかをお話ししたいと思います。

1　藤原仲麻呂（恵美押勝）の乱

✝藤原仲麻呂の乱と石村忌寸石楯

藤原仲麻呂は、藤原氏の四家のひとつである南家、藤原武智麻呂の次男で、藤原広嗣の乱後、光明皇后の信任を得て政界に進出し、天平勝宝元年（七四九）、孝謙天皇の即位後に大納言で中衛大将を兼任、さらに紫微中台《しびちゅうだい》の長官となり、天平宝字二年（七五八）に淳仁天皇が即位すると、大保（右大臣）となり専権を確立しています。同年、恵美押勝《えみのおしかつ》と改名し、天平宝字四年（七六〇）には大師（太政大臣）に昇ったが、天平宝字八年（七六四）、孝謙と結ぶ道鏡の排斥に失敗し斬殺されています。

この天平宝字八年九月に起った政変は、「恵美押勝（藤原仲麻呂）の乱」と呼ばれています。本日は、その子細をお話しする余裕がありませんが、次の史料①・②は、そのことを記す『続日本紀』の記載です。

①『続日本紀』天平宝字八年（七六四）九月十一日条

太師藤原恵美朝臣押勝の逆謀、頗る泄《も》れたり。高野天皇（孝謙上皇）、少納言山村王を遣わして、中宮院の鈴印を収めしむ。押勝、之《これ》を聞きて、其男訓儒麻呂《くすまろ》等をして邀《むか》へて奪はしむ。
〈下略〉。

②『続日本紀』天平宝字八年（七六四）九月十八日条

軍士石村村主《すぐり》石楯、押勝を斬りて、首を京師に伝う。押勝は、近江朝の内大臣藤原朝臣鎌足の曾孫、平城朝の贈太政大臣武智麻呂の第二子なり。率性聡敏にして、略《ほぼ》書記に渉《わた》る。大納言阿倍少麻呂に従いて算を学び、尤《もっと》も其の術に精《くわ》し。内舎人より大学少允に遷る。天平六年、従五位下を授けられ、任を歴《ふ》ること通顕なり。勝宝元年、正三位大納言兼紫微令中衛大将に至る。枢機の政、独り掌握より出ず。是に由《よ》りて豪宗右族皆其の勢を妬《ねた》む。宝字元年、橘奈良麻呂等謀りてこれを除かむと欲《ねが》ふ。事廃立に渉りて、反りて為に滅さる。其の年、紫微内相に任せらる。二年、大保《だいほう》を拝す。優勅ありて、姓の中に恵美の二字を加え、名を押勝と曰ふ。功封三千戸・田一百町を賜わり、特に鋳銭・挙稲と及び恵美の家印を用いることを聴さる。

四年、太師に転す。其の男正四位上真光、従四位下訓儒麻呂・朝獦《あさかり》を並に参議と為す。従五位上小湯麻呂・従五位下薩雄《さつを》・辛加知《からかち》・執棹《さをとり》らを皆衛府・関国司《げんこくし》に任ず。其の余《ほか》の顕要の官も姻戚ならずといふこと莫《な》し。独り権威を擅《ほしいまま》にして、猜防《さいぼう》日に甚《はなはだ》し。時に道鏡、常に禁掖《きんえき》に侍して、甚だ寵愛せらる。押勝これを患《うれ》えて、懐《こころ》自《おのずか》ら安からず。

乃《すなわ》ち高野天皇に諷して都督使と為り、兵を掌《つかさど》りて自ら衛《まも》る。諸国の試兵の法に准拠して、管内の兵士国毎《ごと》に廿《にじゅう》人、五日を番とし、都督衙《が》に集めて、武芸を簡閲す。奏聞し畢りて後、私に其数を益し、太政官の印を用ひて行下《あてくだ》す。大外記高丘比良麻呂《たかおかのひらまろ》、禍《わざわい》の己《おのれ》に及ぶを懼《おそ》れ、密に其の事を奏す。中宮院の鈴・印を収むるに及びて、遂に兵を起して反《そむ》く。其の夜、党与を相招き、道《ゆ》きて宇治より近江に奔《はし》り拠《よ》る。山背守日下部子麻呂《くさかべのこまろ》・衛門少尉佐伯伊多智《さえきのいたち》等、直に田原道を取り、先に近江に至りて勢多《せた》橋を焼く。押勝これを見て色を失い、即ち、便に高嶋郡に走りて前少領角家足《つののやかたり》の宅に宿す。是の夜、星有りて、押勝が臥せる屋の上に落つ。其の大きさ甕《かめ》の如《ごと》し。伊多智等、馳《は》せて越前国に到りて、守辛加知《からかち》を斬る。押勝、知らずして偽りて塩焼を立てて今帝とし、真光・朝獦等を皆三品とす。余は各差《しな》有り。精兵数十を遣して愛発関《あらちのせき》に入らしめむとす。授刀物部《たちはき》広成等、拒ぎてこれを却《しりぞ》く。押勝、進退拠《ところ》を失い、即ち船に乗り浅井郡塩津に向う。忽《たちま》ち逆風有り。船漂没《ひょうぼつ》せむとす。是に於て、更に山道を取り、直に愛発を指《さ》せども、伊多智等これを拒《ふせ》ぐ。八九人箭《や》に中《あた》りて亡《う》せぬ。押勝、即ち又還りて高嶋郡三尾埼《みおのさき》に到り、佐伯三野・大野真本等と、相戦ふこと午《うま》より申《さる》に及ぶ。官軍の疲れ頓《とみ》なり。時に従五位下藤原朝臣蔵下麻呂《くらじまろ》、兵を将いて急に《たちまち》至る。真光、衆を引きて退く。三野等これに乗じて、殺し傷《やぶ》ること稍く多し。押勝、遥に衆の敗るるを望み、船に乗りて亡《に》ぐ。諸将、水陸両道より攻む。押勝、勝野鬼江《かちののおにえ》を阻《そ》とし、鋭を尽して拒ぎ戦ふ。官軍これを攻め撃ち、押勝の衆潰《つひ》ゆ。独り妻子三四人と船に乗りて江《え》に浮ぶ。石楯《いわたて》、獲《え》てこれを斬り、及《また》其の妻子従党卅《さんじゅう》四人、皆これを江の頭《ほとり》に斬る。独り第六子の刷雄《よしお》、少《おさな》きより禅行を修むるを以て、其死を免じて隠岐国へ流す。

史料②は、冒頭に石村村主石楯が、恵美押勝（藤原仲麻呂）を討ち、その首が都に入ったことを記しています（以下、煩雑になりますから「（藤原）仲麻呂」で記述を統一します）。次いで、仲麻呂の略歴と高丘比良麻呂《たかおかひらまろ》の密告に始まる乱の発端とその経緯が簡潔な筆致で描かれています。

すなわち、仲麻呂ら一行は、近江を経て、息子辛加知《からかち》が国守で赴任している北陸の越前への逃走を図りましたが、山背守日下部子麻呂《くさかべのねまろ》や衛門少尉佐伯伊多智《いたち》等が田原道を進むことによって、機先を制されてしまいます。瀬田橋は焼かれ、近江国府は先取されてしまったことから、仲麻呂らは、近江で態勢を整えて反撃する途を失い、琵琶湖の西を若狭・越前を目ざしますが、それもままなりません。目的の越前を目ざすには、愛発《あらち》関を突破しなければならず、そのため精兵数十で突破を図りましたが、押し返されてしまいます。やむを得ず、船を利用して浅井郡塩津に行くことも試みたが失敗し、結局、滋賀県高島市勝野字打下《あざうちよろし》の浜に比定されている「勝野鬼江《かちののおにえ》」の地で斬首されたことを記しています。位を上り詰め、大きな権力を手中にした仲麻呂のあっけない最後です。

史料中にみえる「田原道」は、追討軍が機先を制してとった近江への近道です。結果として、仲麻呂は、勢多橋を焼かれ、近江国府が制圧されたことで当初のもくろみが崩れ、敗死するにいたる要因を作った道です。

近年、この田原道の一部が、発掘調査で確認されています。滋賀県大津市の関津《せきのつ》遺跡がそれで、幅約十八メートルもある八～九世紀の大規模な道路跡が発見されています。「田原道」遺構が発掘されたのは初めてであり、道路跡は南北に走る直線道で、路面は幅約一五メートルで、両側に幅約一～三メートル、深さ十～三十センチの側溝をもっており、こうした道路が二百五十メートルほど確認されています。遺構の時期は、出土した土器などから、八世紀初めから中頃に造られ、九世紀後半頃まで利用されていたことが推測できます。

見つかった道路跡を北へ延長すると当時の役所・近江国庁跡があり、そこから西の瀬田橋を渡れば仲麻呂が造営を計画したという保良《ほら》宮の推定地に至ります。

③『続日本紀』天平宝字八年（七六四）十月七日条
詔《みことのり》して、親王・大臣の胤と、逆徒を討つに預れる諸氏の人等とに位階を加へ賜ふ。无

位諱《いみな》今上。矢口王・三関王・大宅王・若江王・当麻王・坂上王に並に従五位下を授く。正五位下藤原朝臣浜足に従四位下。従五位上県犬養宿祢古麻呂・小野朝臣竹良並正五位下。従五位下佐伯宿祢伊太智に従五位上。〈中略〉。大初位下石村村主石楯に並に従五位下。〈後略〉。

次の③の史料は、乱平定に伴う、勲功の者への位階の昇叙です。中略とした部分には、多数の功あって従五位下に叙された者が記されています。その中に混じって位階が「大初位《だいそい》下《げ》」と特記された中では一番低いが、石村村主石楯は、「従五位下」に叙されています。

大初位下から一挙に従五位下に昇叙され、翌天平神護元年（七六五）正月には、勲二等から六等までの乱の功賞があった者の中で、石楯は勲四等を与えられています。

石楯の位階の昇級は、群を抜く十四階の特進です。大初位下の石楯が、大きな失態をおこすことなく、大過のない役人生活を送っていたら、四年に一度の昇級ですから、最低でも五六年をかけねば得られない地位です。

また、従五位下は、三位以上を「貴」といい、四位・五位を「通貴《つうき》」といい、併せてこれらの者を「貴族」といいましたが、その貴族の仲間入りできる位階であります。

石楯は、追討軍の一人として動員され、全く偶然にも藤原仲麻呂の終局の場に居合わせ、その首を獲ったことから、正史に「軍士石村村主石楯、斬押勝を斬り、首を京師に伝う」とその名とその栄誉を記録されただけでなく、その位階の特進を受ける破格の栄を浴したのです。

✝坂上忌寸への改氏姓とその後

翌年も石楯への褒賞は続くが、やがて年を経ることで石村村主石楯への処遇にも変化がおきてきます。その経緯を史料④〜⑧をみながら探ってみましょう。

④『続日本紀』天平神護元年（七六五）四月二六日条
左京人外衛将監従五下石村村主石楯等三人、参河国碧海郡人従八位上石村押縄等九人に坂上忌寸を賜ふ。

史料④は、左京と碧海郡の石村氏の合計十二人に、坂上の氏名《うじな》と忌寸《いみき》の姓《かばね》を賜ったことを記すものであるが、石村村主石楯は「左京人外《がい》衛将監《えしょうげん》」とあるように、左京人であり、外衛府（恵美押勝の乱の頃に設置された令外の衛府）の将監に昇格していることがわかる史料でもあります。

また、参河国碧海郡人の石村押縄は、石楯と同族の者であり、従八位上という位階をもっていることが注目され、三河国ないし碧海郡の役人の可能性が大きいものと考えらます。この記事を参看すれば、次の史料⑤『新撰姓氏録《しんせんせいしろく》』逸文の記事が全くの架空のものでないことも理解できるはずです。

⑤『新撰姓氏録』逸文（坂上系図　第二十三巻坂上大宿祢）

姓氏録第廿三巻に曰はく、阿智王。

誉田《ほむだ》天皇諡《おくりな》は応神。の御世に、本国の乱を避けて、母並に妻子、母の弟の迁興徳《せんこうとく》、七姓の漢人等を率て帰化《まうけ》り。〈中略〉、天皇、其の来る志を矜《あはれ》みたまひて、阿智王を号《なづ》けて、使主《おみ》と為したまふ。仍《よ》りて、大和国檜前《ひのくま》郡の郷を賜りて之に居れり。時に、阿智使主奏して言《もう》さく、臣入朝の時、本郷の人民、往《さき》に離り散れり。今聞くに、偏く高麗、百済、新羅等の国に在りと。望み請うらくは、使を遣わし喚《よ》び来《まうこ》さしめむとまうす。天皇、即ち使を遣はして喚ばしめたまふ。大鷦鷯《おほさざき》天皇諡は仁徳の御世に、落《さと》を挙《こぞ》つて随ひ来《まう》く。今、高向村主・〈中略〉・石村村主・〈中略〉・石寸村主・〈中略〉等、是れ其の後なり。爾時《そのとき》阿智王奏《まう》して、今来郡を建むとまうす。後に改めて高市郡と号く。而《しか》れども人《ひと》衆巨《おほ》多くして、居地《をるところ》隘《せ》狭《ま》くなりぬ。更に諸国に分ち置けり。摂津・参河・近江・播磨・阿波等の漢人の村主、是なり。
〈中略〉、姓氏録に曰く、駒子直の第四子、小桙直、参河国坂上忌寸の祖なり。

この『新撰姓氏録』逸文は、石村氏が阿智王の系譜に連なる漢《あや》氏《し》系の渡来集団であることを示し、また、大和国高市郡からの移住したことを語っています。この石村村主（後の坂上忌寸）集団の移住した地こそ、次節「2 三河国と石村村主・坂上忌寸」で記す平城木簡にみえる「石寸里」でしょう。

ところが、石楯への処遇は、微妙に変化してきます。それを示すのが、次の二つの史料です。

⑥『続日本紀』天平神護二年（七六六）五月十日
従五位下百済王三忠を以て民部少輔と為す。従五位下百済王文鏡を出羽守と為す。従五位下坂上忌寸石楯を介と為す。従五位上佐伯宿祢美濃麻呂を能登員外介と為す。

⑦『続日本紀』宝亀五年（七七四）五月廿九日
従五位下坂上忌寸石楯を以て中衛将監と為す。

史料⑥は、乱後二年を経ているもので、石楯が古代のフロンティアでもある出羽国に次官となって派遣されたことを記し、史料⑦は、乱後十年を経たもので、中衛将監への任用を示す記事です。中衛将監は、中衛府の判官にあたり、定員は四人、相当官位は従六位上であります。いずれも、武官としてのキャリアを買われての任用ですが、出羽介も中衛将監も従六位上の相当官であることに注意しなければならないでしょう。従五位下の位階をもっているにも関わらず、官位不相当の、格下の官についているのです。

⑧宝亀十年（七七九）閏五月一日　唐招提寺蔵「大般若経」巻一七六巻（重要文化財）

「奥書」

夫般若大乗者、斯乃三世諸佛之肝、「心十地菩薩之寶藏、然則帰依者、誰不」消災納福、随順者、豈尤断惑證眞、伏惟、**為孝子坂上忌寸氏成秋穂等、慈先考故出羽介従五位下勲四等坂上忌寸石楯太夫之厚恩**、撫育之慈高踰、須彌帰護之悲深過大海、経生累却、砕

身捨命、何得報哉、方欲西母長寿、晋於
親東文遂乎、感已盡曾参之侍奉、極仲
尼之孝養、表為子之至誠、展事親之深
禮、豈是謂四蛇侵命、二鼠、催年、報運既窮、
奄従去世、孝子誠有闕、慈顔无感、泉路輾
深、滌隔親、仰天伏地、而雖悲歎、都無
一益、空沽領袖、唯有佛法、必救恩虚
霊、敬以維寶亀十年歳次己未潤五月朔、
癸丑母紀朝臣多継幷男氏成、女
秋穂等参人同志結言、奉写大般若
大乗壱部陸百巻、以為遠代之法寶也、
仰願以此功徳、先同奉資、先考此神
路、般若之船、浄於苦海、速到極楽之寶
域、大乗□□於閻懼、早登摩尼之玉殿、
永覚三界之夢長息一如之床、廣及有識共出迷

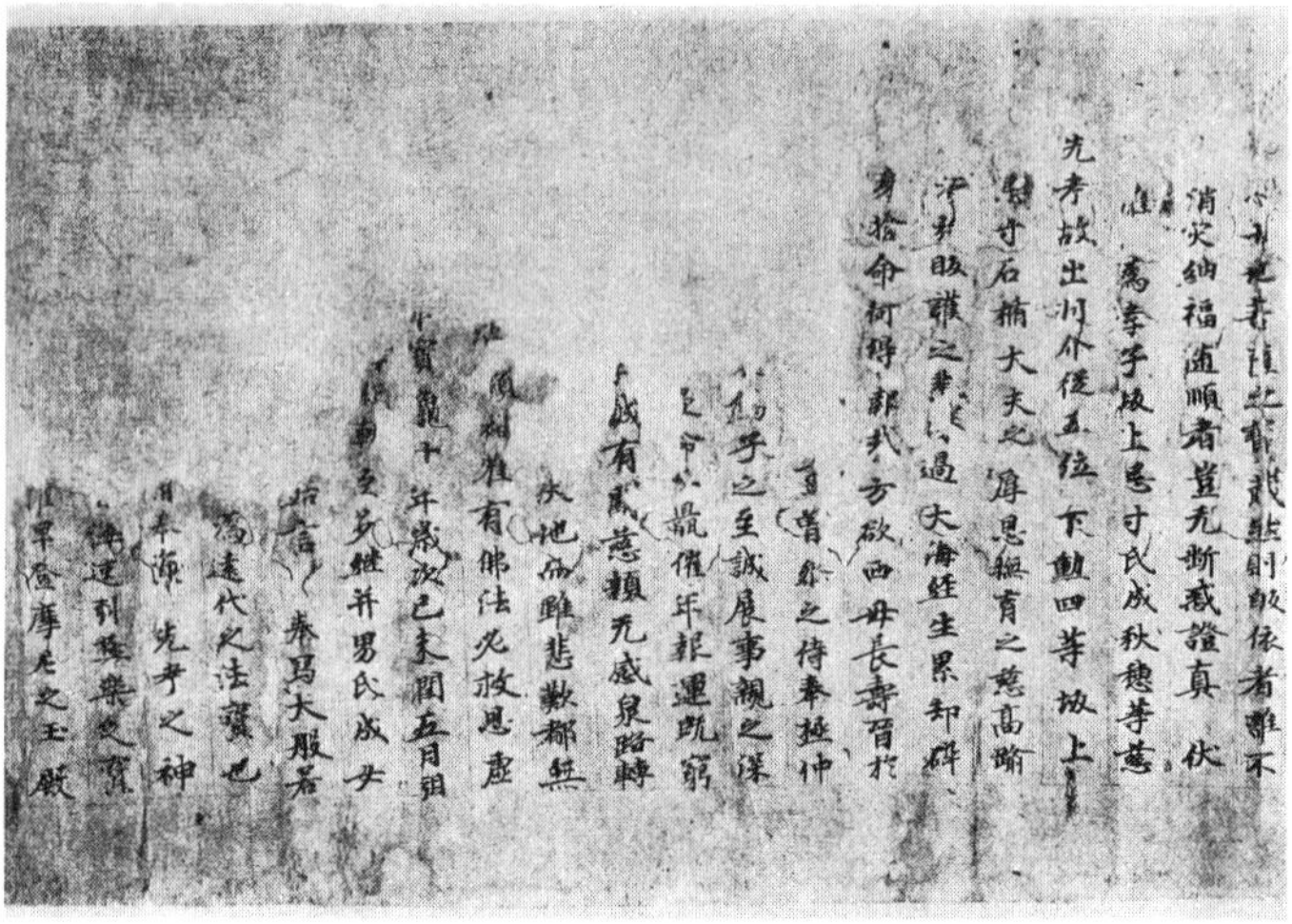

「大般若経」巻一七六巻「奥書」（唐招提寺蔵）
『唐招提寺古経選』（中央公論美術出版、昭和50年）より

濱、至涅槃岸　（以下欠）

史料⑧は、なかなか史料をみることができないので、写真を載せました。見ての通り、損傷が甚だしいが、それでも、ほぼ全文が翻刻できるのは、江戸時代に柴野栗山や住吉広行らが録した『寺社宝物展閲目録』（第四巻―大和下「唐招提寺」）や知恩院鵜飼徹定が編んだ『古経題跋』（巻上、「和州唐招提寺」）等に奥書が収録されていたからです（なお、□でくくっているのは欠損している部分です。また、写真は残念ながら第一行目が映っておりません）。

奥書は、ゴチックとなっている部分を参照してもらえれば分かりますが、宝亀十年（七七九）五月一日に、妻の紀朝臣多継、息子の坂上忌寸氏成と娘の秋穂の三人が、故父石楯の厚恩に報じるために、大般若波羅蜜多経一部六百巻を写経して納めたことを記しています。

この史料によって、石楯が宝亀十年（七七九）閏五月一日以前に亡くなっていたことがわかります。「奥書」が記す出羽介と従五位下は、石楯の極官かつ極位であろうと考えられます。

⑥・⑦・⑧の三つの史料を通して、指摘すべきは、次の点です。それは、石楯が、乱後に官位不相当の武官としてそれなりに遇されたことは確かですが、乱平定の一番手柄ともいえ

る報償として従五位下に特昇したものの、乱後十五年経ってもその位階はついに上がることがなかった点です。これは、石楯が、「南家」の次男ですが、勢いのあった藤原仲麻呂を討った男としての履歴が災いした可能性が大きいと思われます。直後の破格の扱いが、かえって後に疎んじられ、災いになった例でありましょう。

史料⑦・⑧は、仲麻呂を討った称徳道鏡政権が、すでに崩壊し、藤原氏らによる王権の再構築が進み、光仁・桓武王統の優位性が固まりつつある時期であります。格下の役職を務めるも、位階は従五位下のまま動きません。その理由は、石楯とその家族はわかっていたはずです。妻の紀朝臣多継、息子の坂上忌寸氏成と娘の秋穂の三人が、石楯のために「大般若波羅蜜多経」一部六〇〇巻を唐招提寺に納めたのは、失意の中での死去した父への最高の追善供養と考えたからではないでしょうか。

2 三河国と石村村主・坂上忌寸

✝平城木簡と石寸里

碧海郡の里（郷）は、『倭名類聚鈔《わみょうるいじゅうしょう》』の記載によれば、智立・刑部・鷲取・大市・櫝礼・河内・小河・薢野・釆女・依綱・谷部・碧海・呰見・桜井・大岡・駅家の十六郷です（高山寺本・東急本・刊本のそれぞれの『倭名類聚鈔』の記載には異同がありますが、省略します）。

この木簡は、平城宮東院園池北方地区から出土した木簡であり、次のような碧海郡の八つの里（郷）が墨書されています。その年代は、出土層位と伴出遺物から和銅年間（七〇八～七一五）頃のものであることがわかっています。

婇里　知□里
□マ里　長谷マ里
□□里　青見里
前里　石寸里

画像提供
奈良文化財研究所

□になっているのは、判読不明であるが、『倭名類聚鈔』の記載を参考にすると、「婇里」が「采女」郷に、「知□里」が「智立」郷に、「長谷マ里」が「谷部」郷に、「青見里」が「碧海」郷に直接対応します。「□マ里」も碧海郡の里とすると、「某マ（部）里」と記すのは、他には「刑部」郷しかなく、その可能性が強いといえます。

残る二つのうちの一つの前里は「クマノサト」と訓《よ》んで、刈谷市熊野町に比定できると考えます。最後の、「石寸里」は、少し詳しい説明が必要です。

「石寸里」は、「寸」が偏の部分を省略した「村」の字の略体字で、「いわれ（の）さと」か「いわむら（の）さと」訓むものと思われます。「石村」と記して「いわれ」と訓む例は、『万葉集』にみえます。春日老の作である「つのさはふ　石村も過ぎず泊瀬山　何時かも越えむ　夜は更けにつつ」（二八二番）も、その例の一つです。

この歌の「石村」は、「磐余」と同義で、奈良県桜井市南部、天香具山の東方あたりを指す地名であり、大和と関連の深い地名です。

石村と書いて、「いわむら」と訓む例が皆無とはいえませんが、その可能性を考えるよりも、「いわれ」と訓む方が妥当さは増します。また、このように訓むことで、先に掲げた史料④にあたる『続日本紀』天平神護元年（七六五）四月二六日条との接点がみつかります。

石寸里と石余社

それでは、平城木簡の記す「石寸里」はどこに所在したのでしょうか。そのことを明瞭に示す証拠は、残念ながらありません。だが、その訓みとも関連して、その所在を探る手がかりはあります。

平安時代末期から鎌倉時代初期にかけて成立したと考えられている史料に、『三河国内神（明）名帳』という史料があります（「明」は衍字《えんじ》と考えられており、以下、『三河国内神名帳《みかわこくないしんめいちょう》』と記す）。それは、三河国庁が作成したもので、律令国家が、神に授けた位階である「神階《しんかい》」

を基礎にして、三河国内の主な神々を序列づけています。その筆頭は、正一位砥鹿《とが》（大菩薩）大明神《だいみょうじん》であり、以下、正一位から従三位までを大明神、正四位下から従四位下までを明神、正五位下から従五位下までを天神とし、小初位《しょうそい》の七所の神社を末端にすえた序列です。

注目すべきことに、その中に、「正五位下　石村天神」の名がみえます。これは、「石寸（村）里」の産土神《うぶすなかみ》と考えて間違いありません。理由は不明ですが、『延喜式』の神名帳には、その名がみえません。だが、『三河国内神名帳』にその名がみえます。ということは、「石寸（村）里」並びに「石村天神」（＝石村神社）は、十世紀の史料である『倭名類聚鈔』や「延喜式」にその名がみえないからといってそれらが廃村・廃社になったわけでないことを証明するものです。

ただし、『三河国内神名帳』では、「石寸（村）里」や「石村天神」がどこに所在したかがわかりません。そのヒントは、『刈谷市史』古代編の編纂を進める中でみつけることができました。

刈谷市野田町には、野田八幡宮（今留《いまる》神社）があります。野田八幡宮は、『三河国内神名帳』に「正四位下　伊麻留《いまる》明神」と記された神を祀る神社です。ここには、「今留明神」・「物部」等と記した正安二年（一三〇〇）の棟札《むなふだ》があり、その調査に訪れた時、本殿の傍ら

今留神社（野田八幡宮）本殿

摂社（中央に石余社）

に摂社《せっしゃ》「石余」社があることを偶然にみつけました。「石余」の訓みをうかがえば、それは「いわれ」と現在でも訓んでいるとのことでした。

棟札の調査を行なう中で、摂社「石余社」の存在が確認でき、「石寸里」の社にあたる「石余社」が野田八幡宮に合祀されていることがわかりました。

これらの確認・調査によって、今まで不明の部分が多かった点のいくつかが明瞭になったと考えています。

第一に、平安末から鎌倉初期にかけて成立したとされる『三河国内神名帳』が記している「正五位下　石村天神」の存在が明瞭となり、このことから、平城木簡に記された「石寸里」が『倭名類聚鈔』に記載されていないことをもって、「石寸里」の廃村化の可能性も推測されましたが、そうではなく他郷に合併されたと考えるのが穏当と思われます。

第二に、現在では、野田八幡宮の摂社となっていますが、『三河国内神名帳』によれば、その主神に該当する「正四位下　伊麻留明神」とは別に「正五位下　石村天神」がみえます。このことは、両社が少なくとも平安期にはそれぞれ独自に存在していたことを推測させます。

第三に、野田八幡宮の摂社「石余」社を「いわれ」と現在でも訓んでいることは、「石村」が「磐余」と同義であることに留意すると、「石寸」里・「石村」天神のいずれも「いわれ」

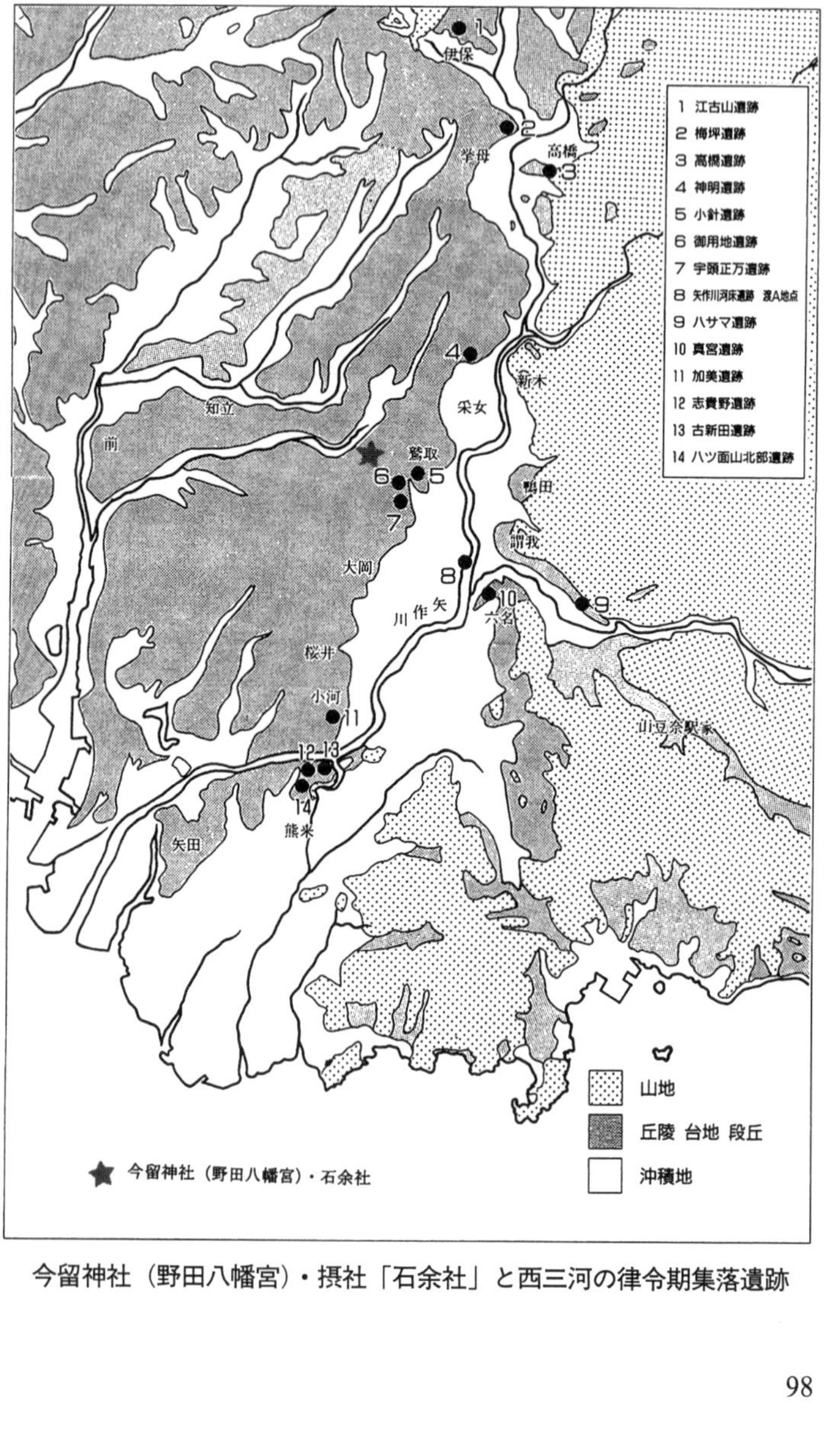

今留神社（野田八幡宮）・摂社「石余社」と西三河の律令期集落遺跡

訓んだ可能性が大きいことを示唆しています。

第四に、刈谷市の野田八幡宮に合祀されていることに重きをおくと、その所在が不明な「石寸里」も現刈谷市野田町から大きく隔たった地とは考えにくいとみるべきでしょう。

むすびにかえて

古代の渡来系氏族としての石村氏は、三河国碧海郡「石村里」を本貫地とし、藤原仲麻呂の首を切った「軍士」石村村主（坂上忌寸）石楯を生み出しました。

また、石楯の勲功で、三河国碧海郡「石村里」の石村押縄らの一族も坂上忌寸氏への改氏《かいし》姓《せい》の対象となることができました。

しかし、石楯の栄光は長くは続かず、先に記したように失意の晩年を送ったことを推測してみました。

他方、平城木簡で確認できる碧海郡「石寸里」は、『延喜式』や『倭名類聚鈔』ではその存在を確かめることができません。

こうした点だけで、その理由を探ると、自然災害による廃村化も考えられなくないのですが、「石寸里」の場合は、幸いなことに『三河国内神名帳』に「石村天神」の記載があったおかげで、産土神としての「石村天神」を祀る「石村社」は、古代の碧海郡に残存していることがわかります。

八世紀の行政村落としての「石寸里」は消滅しても、自然村落としての「石寸里」の実態は近接村落に合併され、その村落内の一地域で「石村天神」は祀られ続けたものと考えられます。

しかし、いつ頃、何故、行政村落としての「石寸里」がなくなったのか。このことと、石村村主（坂上忌寸）石楯への処遇の変化と関わりがあるかどうかは、全く不明です。

八世紀の行政村落としての里が、『延喜式』や『和名類聚鈔』にその名を残していない例は、先に引いた平城木簡の「前里」も同様ですが、少なくありません。その理由については、多様な要因を考えねばならないのですが、「石寸里」の場合はどうであったのでしょうか。まだまだ不明の点が多いです。それらの解明については、新しい史資料の発見が望まれます。

4

参河の海の贄《にえ》木簡のかたること

馬場　基

馬場　基（ばば　はじめ）
一九七二年東京都生まれ。東京大学大学院博士課程中途退学。奈良文化財研究所都城発掘調査部主任研究員。日本古代史・木簡学。著書『平城京に暮らす』（吉川弘文館、二〇一〇）。主要論文「駅と伝と伝馬の構造」（『史学雑誌』一〇五―三、一九九六）「「都市」平城京の多様性と限界」（『年報都市史研究』一三、二〇〇五）。

はじめに

今回は、「木簡《もっかん》」を通じて、参河の海の様子を考えたいと思います。奈良時代は、「参河」が「みかわ」でした。そこで、今回は、古代風に「参河」と書きたいと思います。ただ、「三河湾」は明らかに現代の用語なので、このまま使うことにします。

私は平城宮の隣にある奈良文化財研究所という研究所で働いています。平城宮や平城京の発掘調査とその研究、発掘調査で見つかった木簡の整理や保管、調査や研究が主な仕事です。木簡というのは、木に墨書《ぼくしょ》をしたものです。

さて、そんな仕事の内容ですから、奈良時代の人と同じような山並みを見ながら、同じような風を受けて、奈良時代の人がほじくった穴ぽこやら溝やらを掘り返し、奈良時代の人も目にして読んだであろう木の札を読む、そういう日々をおくっています。奈良時代の人と一緒のことをしている様な、そんな感覚です。できるだけそういう感覚を大事にしながら、歴史というものを考えていきたいと思っています。

　そこで参河の海です。正法寺《しょうぼうじ》古墳と、幡豆《はず》神社に行って参りました。そこから、海を眺めました。うわさに違わず、三河湾が一望できます。知多《ちた》半島が伸びて佐久島《さくしま》が横たわります。渥美《あつみ》半島は、半島と言うより島のように見えました。これらの向こうに、志摩《しま》の影がうっすらとみえています。

　この海の光景と、平城宮で見つかった木簡、どのように関わってくるのでしょうか。

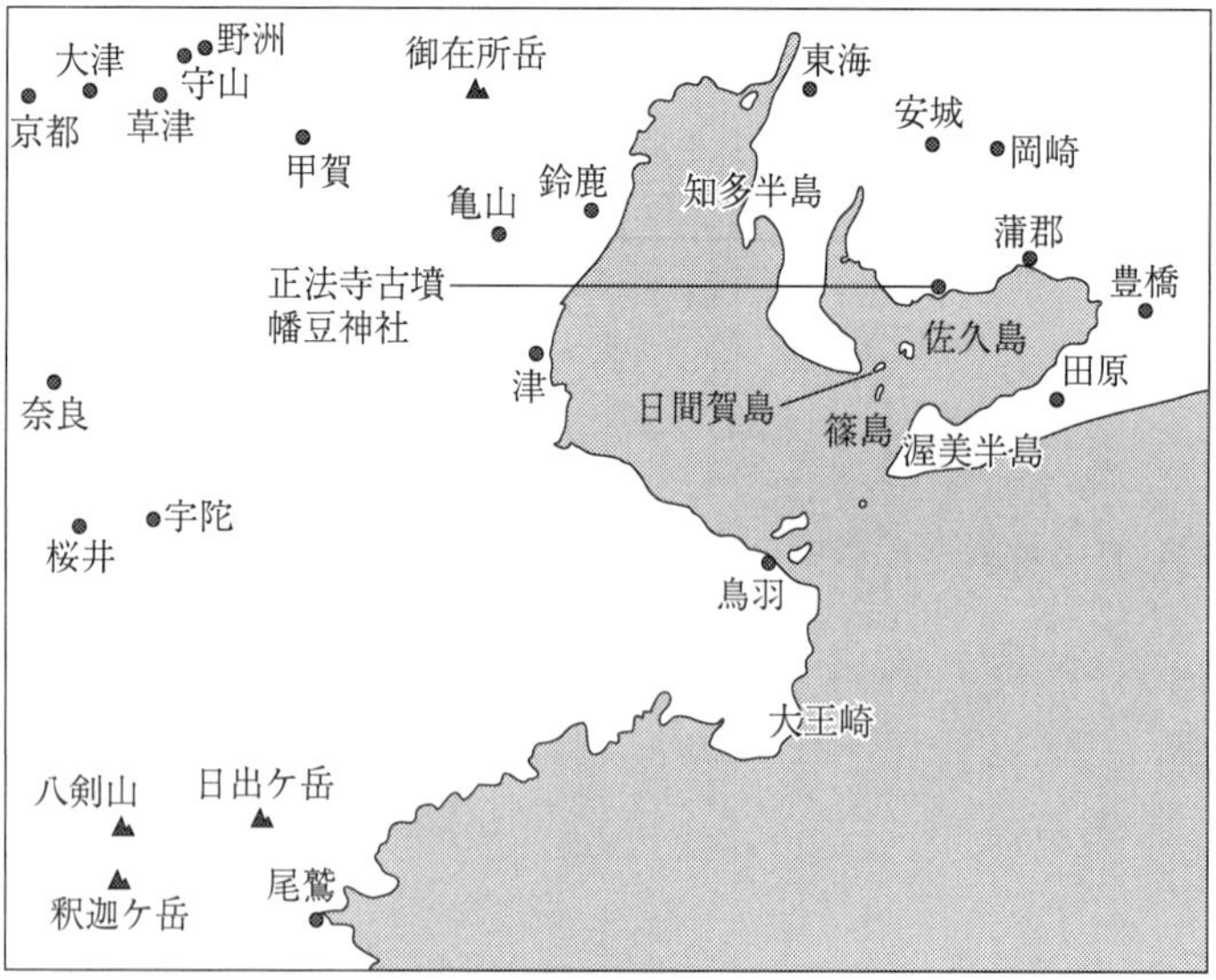

伊勢志摩周辺図

1　木簡というもの

✝木簡とは

さて、先ほども述べたように、木簡の定義は非常に簡単で、「木に墨書をしたもの＝木簡」です。この定義からすれば、木製の表札や、お墓の卒塔婆《そとば》も木簡ということになりますから、木簡というのは現代でも活躍しており、ずいぶんと身近なものです。ただ、木簡の用途が最も広く、活躍した時代、と言いますと、やはり比較的古い時代、特に奈良時代ということになります。

今回お話しするのも、奈良時代の木簡のことです。奈良時代の木簡たちの多くは、発掘調査によって土の中から見つかったものです。土の中に木が埋まっていたら腐ってしまいそうなものですが、土の中の状態によって、木を腐らせる菌の活動が阻害されると、腐りきらずに残ることがあります。世界的に見ますと、砂漠や永久凍土、あるいは非常に水分を多く含んだ状態の土で、木は良好に残ります。これは、乾燥しすぎて菌が活動できないとか、低温すぎて菌が活動できない、水分によって空気と遮断され酸素の供給が十分でなく菌が活動できない、などの理由によるためです。日本には永久凍土も砂漠もありませんから、水分がたくさんある土の中で木製品が残っていて、そうした場所で見つかります。

ただ、残っている、といっても全く腐っていないわけではありません。木の中の成分は、ずいぶんと失われてしまっています。程度の差こそあれ、発掘で見つかる木製品は「腐り残り」です。現在、我々が手にする木材と、発掘で見つかる木材を比べてみると、発掘で見つかった木材はかなり重量があります。これは、水分を吸い込んでいるからです。木の成分が失われてしまった分、水を吸い込んで形状を保っているのです。ちょうど、お麩《ふ》が水を吸い込んでいるような印象でしょうか。

遺跡に埋もれた木にとって、水は菌から守ってくれるだけではなく、失われた成分を補ってくれるという、二重の意味で大切な存在です。

†木簡の発掘

さて、こうして遺跡《いせき》の土の中で守られてきた木簡を我々がほじくりだします。なにしろ、先ほど説明したような土の状況ですから、木簡が見つかるような発掘現場は、ぐちょぐちょです。水が湧いてきて、泥と半腐りの木の破片が混ざったような、そんな状況です。しかも、時にはニオイもします。生ゴミのような、そんなニオイです。

こうした土から、木簡を掘り出します。土から出てくるのは、木簡だけではありません。定番の土器や瓦（といっても、古代の遺跡で瓦がざくざく出る遺跡はちょっと特殊なのですが）の他に、木簡が出るような状況では様々な「有機物」が見つかります。木の破片、檜皮《ひわだ》（檜の皮で、屋根を葺く）植物の種、時には魚の骨など、実にいろいろなモノがみつかります。

なお、発掘で見つかったモノを「遺物《いぶつ》」と総称しますので、今後はこの「遺物」という言葉を使うことにしましょう。

そしてもちろん、これらの遺物をただ見つけて、掘り出せば良いというわけではありません。遺跡を壊さないように気を付けながら、どういう状態でどこから見つかったのかの記録をしっかり残しながら掘り出さなければなりません。図面を描いたり、写真をとったり、あるいはそうした記録やメモをちゃんと遺物と一緒にしておきます。小さな遺物も見落とさないようにすることも大事です。

そうなると、発掘現場で全ての遺物を見つけ出すことは非常に困難です。土の状況にもよりますが、土ごと遺物をコンテナに取り上げて、研究所の整理室へ持ち帰って、じっくりと選別するという方法をとることも多々あります。

木簡を、発掘現場で無理に土から抜いたり、現場で土を洗い流して読もうとしたりするのはあまり感心しません。土の中から出てくるだけで、木簡にとっては劇的な環境の変化です。屋外は、紫外線も強烈です。おちついて、記録を取りながら、手早く室内に持ち帰って処理することが大切です。

†木簡の整理と保管

室内で、泥や他の遺物と選別した木簡は、バット（箱形の容器）に入れて保管します。バットには、保護用のガーゼと、保存液を入れます。木簡は削って再利用ができます。木簡を削った削屑《けずりくず》には、描かれていた文字が残っていることがしばしばあります。こうした削屑はガラス板に乗せて、ガーゼでくるんで保管します。

木簡の記録は、手でとることが基本です。デジタル技術を活用する方法も開発を進めていますが、なんといっても手で記録を取ることが大事ですし、担当の研究員はこの技術をしっかり身につける必要があります。肉眼での観察が基本ですが、赤外線を利用した装置を使うこともあります。また、写真による記録も重要です。木簡は脆弱《ぜいじゃく》ですから、いつでも観察できるわけではありません。通常は写真で観察します。質の良い写真を用意することは、非常に大切なのです。

こうした一連の整理・記録作業が終わると、木簡は倉庫に保管されます。保管中の保存液は、年に一度総点検を行い、メンテナンスを行います。

さらに進んで、正式な報告書が刊行されると、科学的な保存処理が施されます。水分で形状を保っている木簡に、樹脂をしみこませて補強し、空気中で保管できるようにします。科学的な保存処理を終えた木簡は、温度二〇度・湿度六〇%に保たれた倉庫に、桐のタンスに入れて保管されています。温度と湿度の管理は、保管上非常に重要です。桐のタンスは、万が一空調装置が故障した場合でも、温度や湿度の変化が最小限で緩やかになるようにするためです。

木簡が、なかなか手間のかかる厄介なものであることがおわかりいただけたでしょうか。

†なぜ木に文字を書くのか

では、木簡に書かれた中味の話しにうつることにしましょう。木簡には実に様々な内容があります。正式な書類、荷物に付けられていた札、連絡用の伝票、メモや落書き、おまじないなど、文字が関わる大抵の内容が含まれます。

そして注目したいのが、形です。書かれる内容に応じて、もっとも適した形や木の使い方が工夫されています。たとえば、荷物にくくりつけようとする場合、紐を引っかけるための切り込みが施されることが多く、たくさんの項目を羅列しなければならない帳簿の場合、横長に書きやすい様、木目を横にして木を使うことが多い、というような事が知られています。

一方、どうして紙ではなく木に文字を書くのでしょう。日本に文字が伝わったときには、紙も一緒に伝わったと言われていますから、「紙がないから」ということはありません。

重要なのは、紙ではなく木を選んでいた、という点です。木は紙より丈夫です。長距離移動する場合や、荷物にくくりつける時は、丈夫でなくてはなりませんから、木の方が好都合です。屋外に掲げたり、作業現場でどんどん書き込むような場合も、丈夫な方が望ましいでしょうから、木が使われた様です。また、木は削って再利用しやすいので、同じような単純な内容をなんども書き記す場合は紙より便利です。カードの様にして使う場合、厚みや重量が必要ですから、これも木の方が良かったことでしょう。よく「紙が高価だったから」という説明がされることがあります。これも、木でも紙でも良いという場面では、手に入りやすい方を使った、といいかえれば、同じように理解できると思います。

木簡にはわけがあります。文字を読むだけでなく、そのわけも含めて考えていくと、木簡を書いた人とぐっとお近づきになれる場合も、ないわけではないのです。そして、木簡を書いた人とお近づきになれる可能性があるような、書いた人の文字そのものが残り、伝わっている生の資料であるところが、木簡の最大の魅力ということができるでしょう。

2 荷札《にふだ》木簡の世界

✝荷札木簡の「威力」

古代には、全国から様々な品物が貢納品《こうのうひん》として都に集められました。こうした品々には、しばしば木簡がくくりつけられて、運ばれてきました。こうした荷物にくくりつけられてきた木簡を「荷札木簡」と呼びます。

荷札木簡には、どこのだれが収めた、どういう品物かといった内容が書き込まれました。

ですから、荷札木簡から、どこでどういう産物が採れて都に送っていたのか、どういう地名が全国にあったのか、どういう名前の人が全国に居たのか、などのことを調べられであろう、ということになります。こうした内容は、なかなか当時の正式な歴史書には書かれていません。古代社会の、具体的な様子や、人々の暮らしそのものに迫る可能性を秘めていると期待されるわけです。当時の人が書いて、実際に荷物を送るときにつけたそのものが見つかっているのですから、信憑性も抜群です。

ワカメの荷札木簡の例をご紹介しましょう。「海藻」と書いて、「メ」と読み、現在のワカメのことを指していました。その中でも、特に「若海藻」などと表記したものがありますが、これはワカメの新芽、新物の高級ワカメのことです。こういう高級新物ワカメが、天皇専用食材として全国から都に送られていたことが、木簡から分かるのですが、特に注目したいのがその産地です。通常の荷札には、行政区画としての地名しか記されないのに、この新物高級ワカメの場合、具体的な生産地——というか生産海域——が記されています。この海を調べていくと、現在でもワカメの名産地なのです。例えば、「阿波国板野郡牟屋海」産のワカメがありますが、これは鳴門海峡産のワカメ、「鳴門ワカメ」です。

このほかにも、荷札木簡は学会の重要な議論に決着を付ける、大きな役割を果たしたこともあります。正式な「史書《ししょ》」が描かない、法律だけではうかがえない、古代社会の実像を、高い信頼度で伝えてくれる。荷札木簡の魅力であり、「威力」です。

†いろいろな荷札木簡

荷札木簡にもいろいろあります。例えば大きさも様々です。荷札木簡は荷物に付けるわけですから、小さな荷物に大きな木簡では、うまく装着できません。当然、小さな木簡が用意されることになります。牛乳を煮詰めた乳製品である「蘇《そ》」は貴重品で、ごく少量ずつ梱包されて運ばれますので、木簡も小さくなります。一方、大きな荷物の場合、小さな木簡で付けられないことはありませんが、扱いも悪いですし、不便ですから、それなりの大きさの木簡を用意したことでしょう。カツオ節や熨斗《のし》アワビの付け札は、大ぶりの木簡が目立ちます。

書かれる内容も、若干の差がみられます。大きさの影響もありますし、地域による書き方の差もあります。また、貢納する名目には、「調《ちょう》」や「庸《よう》」などいくつかありますので、その税目ごとに書かれる内容にも差があります。ただし、基本的には、「どこの」「だれが」「何を」「どれだけ」というような内容が原則で、送り主と荷物の情報が書かれます。宛先を書かないのは、宛先が都＝天皇と決まっているからです。

税目ごとで、特に特徴的なのは「贄」の荷札木簡でしょう。「贄」は、「生け贄」という言葉からも想像されるように、神様へ備える食物であり、古代でいうと天皇に捧げる専用の食物です。ただ、「調」や「庸」と違って、「贄」は古代の基本法典・「律令《りつりょう》」に規定されていません。施行細則を十世紀初頭にまとめた『延喜式《えんぎしき》』には出てくるのですが、そもそもの法的根拠はどうもよくわかっていないところがあります。

そして、木簡に書かれた内容や書きぶりも、「調」「庸」の荷札よりも、「贄」の荷札のほうが、多様です。法的根拠もよく分からないし、木簡の記載も様々という状況を、どのように理解すべきかをめぐって、多くの研究が重ねられてきています。木の加工も文字も端正で、あたかも「のし紙」の様な木簡が付けられた贄は、各地の「国（現在の県に相当する単位）」が主体となって調達して送っている品々らしいこと、ごく小型で、先を尖らせただけの木片に簡単な記載だけという木簡が付けられた贄は、どうも志摩国《しまのくに》という特に天皇の食卓と縁の深い地域から送られた品々らしいこと、などです。

荷札木簡の大きさから、ある程度荷物の大きさを想像することができ、記載内容の差から地域の特性やその税目の特徴を考えることができる。法律だけでよくわからない天皇の食卓を彩った食材、贄の様子を追求できる。これらもまた、荷札木簡の魅力であり、威力だといえるでしょう。

✝参河からの荷札木簡

いよいよ、参河国の荷札にどのようなものがあるか見ていきましょう。参河国の荷札とし

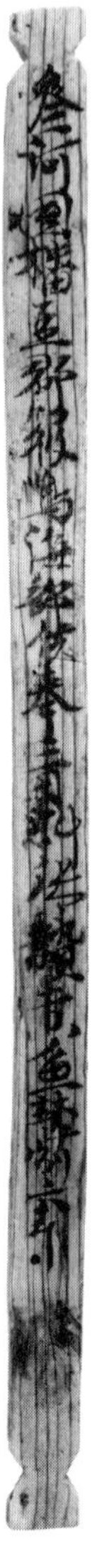

参河三島からの贄の荷札

て有名なのは、なんといっても三河湾に浮かぶ三つの島、篠島《しのじま》・佐久島《さくしま》・日間賀島《ひまかじま》からの贄の荷札です。篠島と佐久島を中心に、月ごとに交替で贄を収めていたことが分かっています。その品目もユニークで、最も多いのがサメの楚割《すやわり》、干物です。このサメの楚割、復原されたものを食べてみると、なかなか美味です。

また、参河三島からの贄の荷札は、書式も独特です。決まって

参河国幡豆郡△島海部供奉□月料御贄×××○斤

△…参河三島中の一島の名が入る。□…月名。何月分かを明記。×××…品目。サメが多い。
○…分量。大抵六斤。

という書式で統一されています。「海部供奉」とか「□月料御贄」というフレーズは、他に例がありません。こうしたフレーズは、中国から導入した律令法が整い、それに則った地方支配が行われる以前から、海の民=「海部《あま》」が天皇へ食料を貢納していた習慣があった名残《なごり》だと考えられてきています。

では、この参河三島以外からの荷札木簡には、どのようなものがあるでしょう。表1にまとめました。すると、魚介類の影がすっかり薄くなってしまいます。多いのは、米と塩です。米と塩は、古代の富の備蓄の中核です。布や貨幣は、交換手段として重要ですが、富の本体としてはなんと言っても米と塩です。この二つの品物が大量にあれば、労働力を編成することができます。そして、日本では、塩は海で生産されるものですから、沿岸部の特産品、あるいは海の幸ということができるかもしれません。ただ、やはり魚介類とはすこし位置づけが違うように感じます。特に、「贄」という響きから想像される、質の良い魚介類とはどうも様子が異なるのではないでしょうか。参河国全体としては、新鮮な海産物を納める地域というより、保存のきく物産を納める地域のように見受けられます。どちらかというと、地域的特色があまり強くありません。「一般的」な国といえるでしょう。

なんとも以外な結果ですが、木簡が最も活躍していた奈良時代が終わってから百年程後の、九〇〇年頃にまとめられた『延喜式』という法律でも、だいたい似たような傾向がみられます。なお、『延喜式』では、参河三島から「贄」として納められていた品々が、「調」として納めることになっています。これは、「贄」の性質を考える上で非常に重要な点です。ただ、ちょっと話しが込み入ってしまいますので、今回は省略することにしたいと思います。

表1　参河三島以外の参河木簡リスト

郡	郷	税目	品目種類	時代	出典	備考1	備考2
渥美	渥美	不明		平城	宮町1-21		
渥美	大壁	調	塩	平城	宮324		
渥美	大壁	調	塩	平城	宮11302	大鹿部	
渥美	大壁	調	塩	平城	城27-247		
渥美	大壁	調	塩	平城	城24-24		
渥美	大壁	不明		藤原	飛20-29下		
渥美	大壁	不明	塩	平城	城29-356		
渥美	大壁	庸	塩	平城	宮2892		
渥美	幡太	不明		平城	宮2194		
渥美	村松	調		藤原	藤宮175	持統9	
渥美	村松	不明		藤原	藤宮173		
渥美		調	塩	平城	宮333		
渥美		調	塩	平城	宮4660		
渥美		不明	米	平城	城16-16		

・出典は略称によった。奈良文化財研究所木簡データベースでの略称に準じている。
・備考1には、表記上の特徴など、一覧表で捨象した情報を中心に記した。
・備考2には、特に留意すべき内容を記した。

幡豆	磯泊	不明		藤原	飛17-96	之者津	
幡豆	熊来	不明	米	奈良	西-32	32と同文異型式	
幡豆	熊来	不明	米	奈良	西-33	33と同文異型式	
幡豆	熊来	不明	米	奈良	西-34		
幡豆	篠島	贄		藤原	県藤原44	波豆	篠島
幡豆	矢田	不明		藤原	飛5	波豆	
幡豆		調	海産物	奈良	城22-209		
幡豆		贄		奈良	城19-171	芳図	海部供奉
幡豆		贄		奈良	城19-172	芳図	海部供奉
幡豆		不明	海産物	奈良	城16-55	佐久島	
幡豆		不明	米	奈良	城16-12	大御米	
宝飯	(宝飯)	不明		藤原	飛18-94	穂	
宝飯	美養	中男作物		奈良	城22-210		
宝飯	篠束	中男作物	海産物	奈良	宮356		
宝飯	度津	不明	海産物	奈良	城34-401		
宝飯	望理			奈良	宮町1-19	荷札か不明	
宝飯				奈良	城31-339	荷札か不明	

木簡の出土点数でいうと、参河三島のものが多いのでついそこに目がいってしまいます。しかし、他の出土木簡や『延喜式』の記載など、広く検討していくと、参河国全体としては、どちらかというと地域的特色の希薄な、ごくありふれた米と塩を納める国だったことが知られます。参河三島は、参河国内でも特殊な地域だったのです。

では、この参河三島の特殊性は何を意味するのでしょうか。

3 参河の海と贄木簡のかたること

✝「贄」のいろいろ

まず、「贄」について考えてみましょう。贄が、天皇専用の高級食材であることは、すでに述べたとおりです。ただ、贄の荷札木簡や、その他の史料をみてみると、「贄」といってもいくつかの性格に分けることが出来そうだ、ということがこれまでの研究で明らかにされています。詳細に述べると、ちょっと難しいので、今回のお話しと関わる内容についてだけ、大雑把かつ簡単にご説明したいと思います。

まず、どういう人たちが贄を調達し、まとめて、責任者として都におくるか、という違いがあります。「国」という地方行政機関が責任者として現れる場合もありますし、「網曳司《あびきし》」など贄調達専用の役所が納める場合もあります。また、のし紙の様な立派な木簡を付ける贄もありますが、ごく簡便な木簡しか付けないものもあります。また、いわゆる荷札木簡ではなく、木簡の分類は「文書」として扱われる「進上状《しんじょうじょう》」と呼ばれる添え状と一緒に届けられた贄もあったようです。

そして、誰が送ったか、ということと、木簡の様子にはある程度の関係性が認められます。国が送るような場合は、立派な木簡が付けられます。一方、簡便な木簡がつけられるのは、例えば志摩国です。志摩国は、「御食国《みけつくに》」であり、「速贄《はやにえ》」と呼ばれる鮮度の高い魚介類を天皇

贄木簡群

の食膳に供していました。このような、天皇の食膳ととりわけ深い関係のある地域からの品々には、簡便な荷札が付けられました。さらに、贄専門の役所からとなると、木簡そのものがほとんど見つかっていません。おそらく、木簡も付けずに送られたのでしょう。

要するに、毎日の天皇の食膳を彩るような、日常的な品になればなるほど木簡は簡略になり、ついには付けられなくなる。一方、大げさに各地の特産品を「贄」として納める場合は、とりわけ立派な木簡がつく。木簡が簡略なのは、その品物の品質が簡略なのではなく、より日常的に天皇の食事を支えるものであり、毎日の様に送り届けられ、生産―輸送―消費のサイクルにかかる時間が短い、そういう品物であるためだ、ということができるのです。保存期間が短いし、毎日送るようなものですから、大げさな荷札なんてつけていられない、というわけです。

荷札もなしで持ってきて大丈夫だったのか、そのヒントは「進上状」にありそうです。「荷札」ではなく添え状を付ける、あるいは添え状の内容を運んでいく人が口頭で伝える。日常的な品物の輸送であれば、このほうが効率が良かったことでしょう。こうして運ばれてくる日常的な贄こそ、天皇の食膳を支えた食材であり、最も贄らしい贄ということができるかもしれません。

†参河三島からの贄木簡

そこで、参河三島の贄はどのような性格なのでしょうか。木簡を検討してみましょう。参河三島の贄荷札木簡の材料や加工、文字の書きぶりを見てみましょう。すると、「のし紙」木簡のような、端正な加工ではありませんし、文字もいささか崩れています。全体の雰囲気としては、どうも「のし紙型」ではなさそうです。一方、それなりの大きさもありますから、志摩国の贄ほどは簡略ではありません。木簡の加工や文字の書きぶりからすると、日常的な贄と、のし紙型の中間ぐらい、ということができるでしょう。

書式は、先ほど示した通りで、非常に整っています。注目されるのは「海部供奉」というフレーズです。「供奉」というのは、動詞です。単純な地域名称と品目などだけではなく、贄を「供え奉る」という動作が記載されているのです。のし紙型の贄の荷札でも、「進上」という言葉が書き込まれることが多く、動詞を書き込むのは贄荷札木簡の特徴ということができます。贄は、天皇の前に運んできた使者が、口上を朗々と述べながら品物を献上するというのが、本来的な姿であり、それが形式化した一つのあり方がのし紙型の立派な木簡に献上のフレーズを書き込む、というものではないかと、私は推測しています。そんな風に考えると、書いてある内容からみても、形から見た様子と似た傾向が見受けられると言えそうです。志摩国の贄ほど口頭の世界とセットになってはいないものの、のし紙型とは、文言などが異なり、ちょっと様子が違う。いわば日常型とのし紙型の中間的な様相を呈しています。ただ、参河三島の贄木簡では、納める主体は「国」ではありません。中間的な存在といっても、基本的には志摩国などの日常型に含まれるべきでしょう。日常型ではあるものの、ちょっと距離感がある、と理解しておきたいと思います。

ですが、その様に理解すると、新たな疑問が発生します。日常型の贄を納めるのは、大阪湾沿岸や琵琶湖周辺など、都と近接する地域や、志摩国や若狭国など、「御食国」と呼ばれる天皇の食膳と密接に関わる特殊地域です。参河国は、都からは遠いですし、御食国でもありません。

この問題を考えるためには、単に参河国内だけではなく、もう少し広い視点で捉えることが必要です。紀伊・伊勢・志摩・尾張、そして三河の、古代の海の世界の広がりをさぐって行きたいと思います。

†伊勢の海・志摩の海

古代の都人は、紀伊・伊勢・志摩・尾張・参河といった、東の海をどのような地域として、どのようにイメージしていたのか、『万葉集』の歌を拾っていくと、興味深い傾向が浮かび上がってきます。

まず、伊勢国について整理してみましょう（表2）。

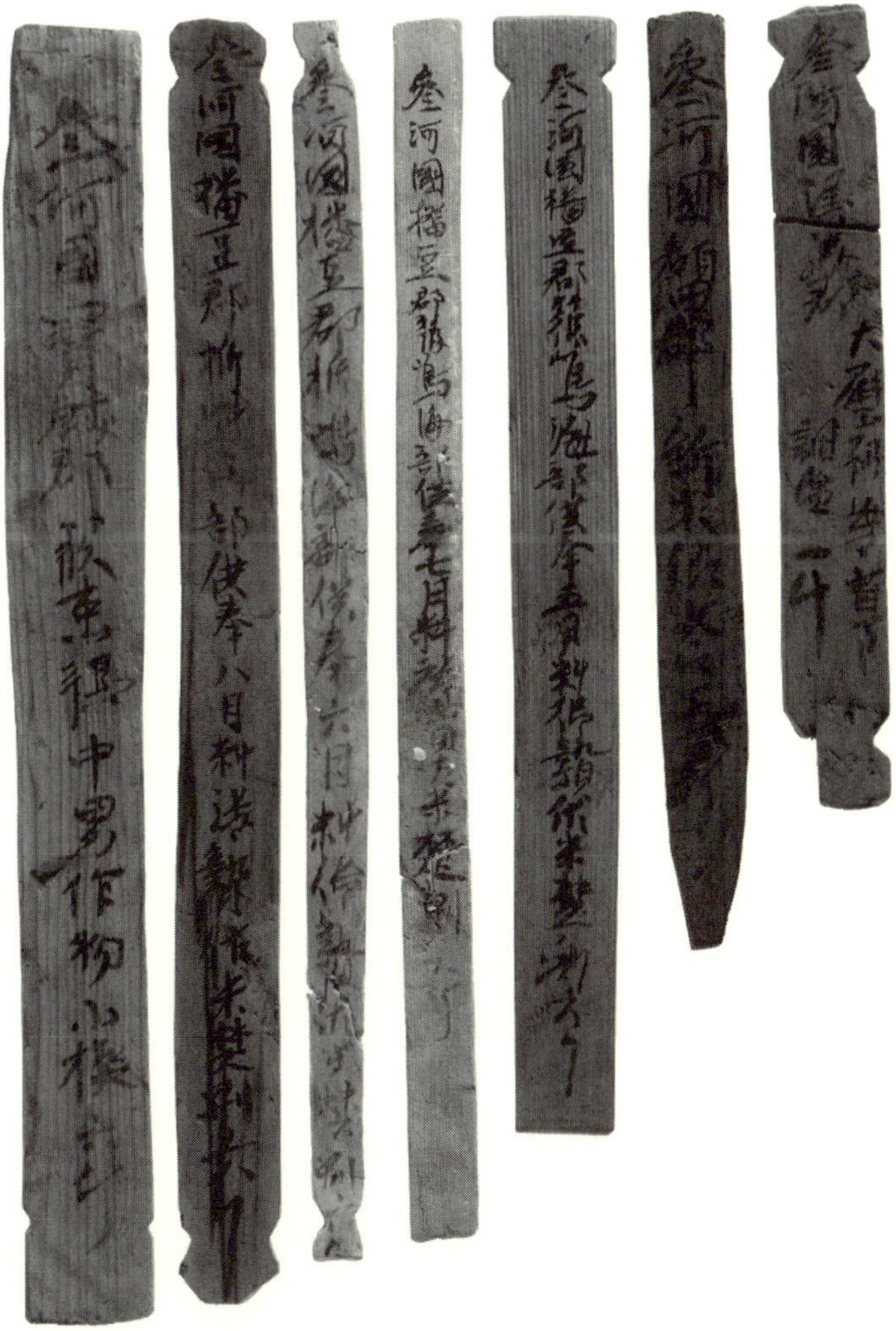

参河三島の贄荷札木簡

表2　万葉集伊勢歌リスト

歌番号	作者	作者の場所	詠まれている場所	伊勢志摩度数	場所の種類	情景・物	海の種類	備考
二二	吹芡刀自	都	なし	×	なし	なし		斎宮
四〇	柿本人麻呂	都	あみの浦	○	海	船	磯か	持統六年・伊勢行幸
四一	柿本人麻呂	都	答志の崎	○	海	玉藻	磯か	持統六年・伊勢行幸
四二	柿本人麻呂	都	伊良胡	○	海	荒き島廻	磯	持統六年・伊勢行幸
三〇六	安貴王	伊勢	伊勢の海	○	海	沖つ白波	不明	養老二年・伊勢行幸
五〇〇	碁檀越の妻	都	伊勢	○	海	浜荻・浜辺	砂浜	
六〇〇	笠郎女	都	伊勢	○	海	磯・とどろ・波	磯	
六六二	市原王		網児の山・佐堤の崎	○	海・山		磯	リアス式海岸か
一〇二九	大伴家持	伊勢（河口行宮）	河口	○	野			天平一二年・東国行幸
一〇三〇	聖武天皇	伊勢	吾の松原	○	海	松原・浜・潟	砂浜	天平一二年・東国行幸
一〇三一	丹比屋主真人	伊勢	思泥の崎	○	海	浜か	砂浜	天平一二年・東国行幸

一〇三二	大伴家持	伊勢（狭残行宮）	なし	○	なし	なし		天平一二年・東国行幸
一〇三三	大伴家持	伊勢（狭残行宮）	海	○	海	志摩の海人・熊野の小舟		天平一二年・東国行幸
一〇八〇		伊勢	海	○	海	島なし	砂浜	伊勢行幸
一三二二			伊勢の海	○	海	海人・真珠	磯	
二一九八			吾の松原	△	海	松原・浜		
二七二七			菅島・夏身浦	○	海	波	磯	
二七九八			伊勢	○	海	海人・鰒	磯	
二八〇五			伊勢の海	○	海	鶴	砂浜	
三一二七	柿本人麻呂	旅	度会	○	川	川		
三二三四			伊勢国	○	国全体	御食国		
三二三五			五十師	○		山		
三二四三			阿胡の海	△	海	荒磯		
三二四四			阿胡の海	△	海	荒磯		
三三〇一			伊勢の海	○	海	海松	磯	
三四四七			安濃郡	×	郡名	道		だじゃれ
三六一〇			安胡の浦	△	海	船		

実際に伊勢に行っていない人々が詠み上げる伊勢の海は「磯」であり、リアス式海岸に属する光景の様です。一方、行幸に付き従うなどで伊勢国の現地に赴いて詠まれた歌の中に登場する伊勢の海は「浜」です。現地に行かない、観念上の伊勢の海は磯、実際に現地で目にする伊勢の海は浜、という不思議な状況が確認できます。

地図を開けばすぐにわかるように、伊勢国の海岸は伊勢湾に面した浜が主体です。磯が発達している部分はまれです。にも関わらず、都人がイメージする海は磯でした。伊勢の海に隣接する「磯」といえば、志摩国の海岸がまさに「磯」です。どうも、都人が「伊勢の海」としてイメージしているのは、伊勢国の海岸ではなく、志摩国の海岸の様です。

また、伊勢の海であわびや真珠を捕っている歌がありますが、これも伊勢の産物というより志摩国の産物としてふさわしいでしょう。『延喜式』をみると、伊勢国はほとんど海産物を納めていません。一方、志摩国から納められるものがほとんど海産物であることは言うまでもないでしょう。都人は、どうも伊勢と志摩を混同しているように感じられます。

ですが、実はこれは非常に奇妙なことなのです。都には、全国の情報が集まっています。地図もあります。納税台帳もあれば、特産品のリストもあったはずです。万葉歌人の多くは、普段は役人として仕事をしていますから、こうした情報を知らなかったはずはありません。都で仕事をしていれば、当然全国の産物を知らなければなりませんし、各地に赴任することもありますので、伊勢と志摩の違いぐらい知っていて当然な筈なのです。

ですから、この伊勢と志摩の混同は、法律や制度の上でどうなっているかではなく、多くの古代人にとってどうイメージされていたかを示している、と考えられます。古代の都人にとって、大和盆地から山を越えたその先、東の海に突き出したエリアが伊勢であり、伊勢の海だったようです。志摩国と伊勢国の区別は、法律上は厳然としていたかもしれませんが、感覚の上では非常に曖昧なものでした。

そして、志摩国は、これまでも縷々《るる》述べていますように、「御食国」という特別な地域でした。上記の伊勢・志摩の渾然とした様相からすると、伊勢国の南部もまた「御食国」の一部のような感覚で捉えられていたと言えます。志摩国は、伊勢国と併合されたり分割されたりしています。「伊勢」地域のうちの特に天皇に食品を納める地域が「島（=志摩）」として把握され、国として分立したのでしょう。むろん、伊勢神宮との関わりも考えなければ成りません。ひとまず、万葉の人々にとって、伊勢の海と志摩の海は一体の「伊勢・志摩の海」であり、それは磯の続く海でした。そういえば、「いせ」の語源を「いそ」だとする説もあるほどです。

†伊勢・志摩の海の広がり

さて、ではこの伊勢・志摩の海は、どのような広がりを持つのでしょうか。北側は、伊勢湾がどの程度含まれるのか、東はどの程広がるのか、南は紀伊国に接するあたりまでなのか。

南側に目を向けると、実は伊勢・志摩地域と、紀伊国の国境やその変遷もよく分かっていません。戦国時代を中心に大きな変化があるようですが、結局古代の国境がどこなのか、判然としません。地形的に考えると、熊野灘《なだ》は「灘」というぐらいですから境目になりそうではあります。一方、北側は、先ほど検討した万葉歌の様子からすれば、伊勢湾は含まれない様な印象を受けます。東側は、伊勢・志摩と尾張・三河の国境と言うことになるのでしょうか。

ここでもう一度、万葉集の歌に注目したいと思います。まず、大伴家持の歌です。

御食つ国　志摩の海人ならし　ま熊野の小舟に乗りて　沖辺漕ぐ見ゆ（一〇三三）

家持は、伊勢国の北部、現在の四日市付近で伊勢湾の海を眺めながら、ちゃんと贄＝志摩＝御食国という、いかにも官僚的な連想に基づいて歌を詠みました。伊勢の海で、法律・制度に則った歌を詠んだ、唯一の人物です。そんな彼が、海に浮かぶ舟を「御食つ国の志摩の海人の舟だ」としたのは、「熊野の小舟」だからという理由でした。

いかにも官僚的思考の、法律制度に縛られた発想をもつ人物の頭の中で、熊野地方特有の型式の舟であることと、志摩の海が結びついている。このことから考えると、熊野地方も伊勢・志摩の海と一体の海であり、一体の海の民が活躍していた海域と捉えることができるでしょう。紀伊国も、贄を都に納めていますが、よくよくみると多くが（五点中三点。但し残り二点は同文で、また「進上」とするのは牟漏郡のみ。）「牟漏郡《むろぐん》」つまり紀伊半島の南端以東で、伊勢と隣接する地域です。伊勢・志摩の海と一体的につながっていた海から、贄が届けられていたのです。

一方、わざわざ熊野舟であることを述べ、伊勢・志摩の海の民が活動していると述べている点から考えると、伊勢湾の奥は、かれらの日常的な海域では無かった可能性があるかもしれません。

南と北とに目途が立ちましたので、次に東を考えましょう。注目したいのは、万葉集における伊良湖の扱いです。たとえば、巻一―二三の詞書《ことばがき》では「伊勢国の伊良虞の島」と出てきます。伊良湖は、渥美半島の先端ですから、参河国に属している筈です。にも関わらず、はっきりと「伊勢の伊良湖」とされています。どうも、万葉歌人の地理感覚では、伊良湖は伊勢だったということになります。すると、伊勢・志摩の海の世界は、渥美半島まで伸びていた可能性が出てくるわけです。

†参河の海と伊勢・志摩

参河三島は、その三島だけ見ていれば三河湾に浮かぶ島といえます。ですが、伊良湖が伊勢・志摩の海の一部だとすると、参河三島も伊勢・志摩の海の世界の中に含まれるか、少なくとも隣接する世界であったことは確実と言えましょう。

参河国幡豆郡は、地図でみると、三河湾の一番奥です。参河三島からは、ずいぶんと離れています。参河三島の位置からすると、知多半島か渥美半島に近く、尾張国知多郡か、参河国渥美郡に含まれるのが自然です。にもかかわらず、参河国幡豆郡に含まれています。非常に不思議な事態です。そこで、改めて地図をみると、興味深い地名が目につきます。渥美半島の対岸、知多半島の先端に「波豆《はづ》神社」が鎮座しています。

どうも、「ハヅ」という地名は、単純に三河湾の一番奥の地域の名前、というわけではないようです。知多半島先端の波豆、三河湾の内奥で海に飛び出した先端部分の幡豆、いわば三河湾は「ハヅの海」だったと考えられます。こうした「ハヅ」の世界に、三河三島も属していたから、幡豆郡に組み込まれました。一見遠い三河湾内奥の幡豆と、参河三島は一つの海の世界を形成していたのです。おそらく、伊良湖もこのハヅの海の世界の一部だったことでしょう。ただ、残念ながら、現在伊良湖に「ハヅ」の地名は見あたりません。

伊勢・志摩と三河、特に渥美半島の関係の深さは、これまでの研究でも明らかにされてきています。たとえば、古くは、大和盆地から東国へと向かう海沿いの道は、伊勢国から志摩半島を経て、海を渡り、渥美半島を経由して三河から遠江、あるいは信濃へと抜けていくルートをたどっていた、と考えられています。後に、伊勢国を北上して、尾張国を経由するように変更されたのですが、こうした半島を渡るルートから内陸のデルタ地帯を通過するルートへという変更は、関東地方でも三浦半島—房総半島経由から東京湾沿いへの変更など、他にもみられる古代におけるルート変更の一つのパターンです。伊勢湾沿岸は、メインルートから外れた場所だったため印象にも薄く扱われ、一方メインルートにあたる南部だけが強く意識された結果、伊勢は磯であり、リアス式海岸で、東国に直接つながる玄関口と印象づけられたのでしょう。そして、伊勢・志摩と渥美半島つながりを、どうも交通路という「線」で捉えがちでしたが、「線」の背景には伊勢・志摩の海という、「面」の存在がありました。

このように考えると、参河三島からの贄荷札木簡が日常型に近いことも、自然と理解できます。参河三島は伊勢・志摩の海の一部であり、そして伊勢・志摩の海は、贄人の海であり、贄の海でした。法律的には紀伊国牟呂郡・志摩国・伊勢国伊勢郡・三河国幡豆郡などと、いくつもの行政区画に分かれてしまいます。ですが、この熊野から蒲郡付近にまでおよぶ主としてリアス式海岸と島嶼《とうしょ》部を中心とする海の世界は、海の民たちが行き交う一体的な海の世界であり、豊かな魚介の恵みの海であり、贄の海だったのです。

おわりに

参河三島の木簡を考えて、思いがけず広がりのあるお話しになりました。まだ、学問レベルでは検討を重ねなければいけない点もあります。ただ、例えば篠島と伊勢神宮の深いつながりなどの事例も踏まえると、おそらくこの贄の海とそこで活躍した人々の世界に対する見通しは、それほど的はずれではないと思います。

そして、最後に古い東海道のルートについて少し補足したいと思います。この問題を考える時、重要な点の一つが、「伊良湖の島」という表現ではないか、と思います。というのは、最初にご紹介した幡豆神社からみた風景が頭から離れないのです。そこから見渡すと、渥美半島は確かにありましたが、伊良湖のあたりはそれとは離れた島に見えました。

そこで思い至りました。ハヅの海を渡るとき、わざわざ途中の「島」に過ぎない伊良湖に上陸するのだろうかと。ハヅの海を渡りきれば、吉良か、幡豆か、西浦か、蒲郡。そこに上陸すれば、のちに三河国府が置かれる場所は、すぐ目の前です。信濃への交通にも便利です。一方、もし渥美半島を上陸し、東国を目指すのであれば、そのまま遠江に向かうのが自然で、三河国府付近には後戻りのような移動経路になります。

目の前だから上陸して陸路、と考えるのは、どうも安直に過ぎるかもしれない。幡豆神社からハヅの海を眺めながら、海の力と、海の民の活動力とを、改めて考えさせられました。

※主要参考文献等

○三河三島の木簡について

入手しやすいもの

木簡学会編『日本古代木簡選』岩波書店、二〇〇三

木簡学会編『日本古代木簡集成』東京大学出版会、二〇〇三

木簡学会編『木簡から古代がみえる』岩波新書、二〇一〇

渡辺晃宏『平城京一三〇〇年「全検証」』柏書房、二〇一〇

少し専門的なもの

馬場基「荷札と荷物のかたるもの」『木簡研究』30、二〇〇八

○三河三島の位置づけをめぐって

田中卓「尾張国はもと東山道か」『史料』26、一九八〇

荒木敏夫「東の海つ道と伊良湖」『静岡県史研究』3、一九八七

小林宗治「尾張国はやはり東海道か」『あいち国文』2、二〇〇八　他

※本簡の写真はすべて奈良文化財研究所の提供による

5

『万葉集』から持統上皇三河行幸を読み解く

原　秀三郎

原　秀三郎（はら　ひでさぶろう）
一九三四年静岡県生まれ。静岡大学文理学部史学専攻卒業。京都大学大学院文学研究科博士課程国史学専攻修了。静岡大学名誉教授。著書『日本古代国家史研究』（東京大学出版会、一九八〇）、『地域と王権の古代史学』（塙書房、二〇〇二）、『日本古代国家の起源と邪馬台国』（国民会館、二〇〇四）。

はじめに

今を去る千三百年余《あま》り前のことになりますが、大宝二年（七〇二）の十月、持統太上天皇は、約一か月半にも及ぶ、生涯最長でしかも最後となった三河国への行幸をいたします。この時の行幸の日時や行程は、『続日本紀』巻二にあらまし記されております。

持統上皇は旅好きの女帝としてよく知られておりまして、夫君である天武天皇の没後に、四八回にものぼる大・小の旅行をしております。中でも、この三河行幸は四五日間にもわたって、しかも都を遠く離れた旅であり、その年の十一月二五日に三河から帰京しますと、翌月の十三日に病の床につき、九日後の十二月二二日には崩御されるという、まことに劇的でしかも命懸けの大旅行であったのです。その意味からも、大変興味深いひとつの事件というだけでなく、歴史的にも大変重要な意味をもつもの、と言ってよいと思います。

私は、昭和五九年（一九八四）・六〇年の二年間、「東海地方の前近代的交通形態と地域構造の特質に関する基礎的研究」という、大変長たらしい研究課題の科学研究費補助金の研究代表者として研究費の交付を受けました。当時、静岡大学人文学部日本史学研究室で同僚だった本多隆成・湯之上隆両助教授とともに研究成果の一部を、同名の標題の報告書にとりまとめ、昭和六一年三月に刊行いたしました。ちょうど昭和六〇年が、日本史学研究室の前身、史学研究室から数えて、創設三十周年に当っておりましたことも大変意義深く、印象に残っております。

その報告書の中で私は、「古代国家形成期の東海地域と大和王権――持統天皇の伊勢・三河行幸を中心に――」という小論を書き、この問題を取り上げたのです。その後、『静岡県史』通史編1「原始・古代」（一九九四年）を執筆した時に、第二編第二章第二節で「持統女帝と遠江行幸」の小見出しを掲げ、『万葉集』巻二―五七に見える「引馬野《ひくまの》」遠江説に立って、憶測も交えつつ、持統太上天皇の三河滞在中の遠江行幸論の要旨を記しました。これらはいずれも、拙著『地域と王権の古代史学』（塙書房　二〇〇二年）に収めてあります（以下、これらの論文を旧稿とします）。

このたび、ここ岩瀬文庫の講座で講演する機会を与えられましたのを好機に、この問題を再び取り上げることとしました。また、講演に先立ち、東京大学史料編纂所の田島公教授の同道を得て、引馬野・阿礼之崎《あれのざき》三河説の現地・御津町《みとちよう》御馬《おんま》の地に臨むことが出来ました。現地踏査というにはあまりにも慌ただしいものではありましたが、豊川市市史編さん室にもお伺いして、御教示とご便宜とを与えていただきました。これらによって得た所見を交えて、三度、持統上皇三河行幸問題を考えてみようというわけであります。

1 『万葉集』三河国行幸歌を歴史史料として読み解く——歴史学の観点と方法

✝集団歌として読み解く

『万葉集』巻一には、持統上皇の三河行幸にかかわる歌が、「（大宝）二年壬寅《じんいん》 太上天皇、参河国に幸《いでま》せる時の歌」として五首（国歌大観番号57～61番。以下同じ）収められています。また、これに加えて、巻第三の高市連《むらじ》黒人の羈旅《きりよ》の歌八首（二七〇～二七七）のうちの四首（二七〇・二七一・二七二・二七六）もやはりこの時の詠歌と見てよいと思います。

これらを『新編日本古典文学全集6 萬葉集1』（小学館 一九九四年）の読み下し本文・原文・口語訳で示しますと、次のようであります（以下、『万葉集』の引用はすべて本全集に拠り、まず訓み下し文を掲げた後、万葉仮名の原文を示し、最後に▼以下に現代語訳を示します）。

二年壬寅《じんいん》、太上天皇、参河国《みかはのくに》に幸《いでま》せる時の歌

57
引馬野《ひくまの》に　にほふ榛原《はりはら》　入り乱れ　衣《ころも》にほはせ　旅のしるしに

右の一首、長忌寸奥麻呂《ながのいみきおきまろ》

二年壬寅、太上天皇幸二于参河国一時歌

57
引馬野尓《ひくまのに》　仁保布榛原《にほふはりはら》　入乱《いりみだれ》　衣尓保波勢《ころもにほはせ》　多鼻能知師尓《たびのしるしに》

右一首、長忌寸奥麻呂

大宝《だいほう》二年に、太上天皇（持統《じとう》）が三河国《みかわのくに》に行幸された時の歌

▼引馬野《ひくまの》の　色づく榛《はんのき》の原に　なだれ込み　衣を染め給え　旅の証《あかし》に

右の一首は、長忌寸奥麻呂《ながのいみきおきまろ》

58
いづくにか　船泊《ふなは》てすらむ　安礼《あれ》の崎　漕《こ》ぎ廻《た》み行《ゆ》きし　棚《たな》なし小船《をぶね》

右の一首、高市連黒人《たけちのむらじくろひと》

58
何所尓可《いづくにか》　船泊為良武《ふなはてすらむ》　安礼乃埼《あれのさき》　榜多味行之《こぎたみゆきし》　棚無小舟《たななしをぶね》

右一首、高市連黒人

▼どこで今　泊っているだろう　先ほど安礼《あれ》の崎を　漕《こ》ぎ巡って行った　あの棚《たな》なし小船《おぶね》は

右の一首は、高市連黒人《たけちのむらじくろひと》

59
誉謝女王《よざのおほきみ》の作る歌

流らふる　つま吹く風の　寒き夜《よ》に　我《わ》が背の君は　ひとりか寝《ぬ》らむ

譽謝女王作歌

59 流経《ながらふる》 妻吹風之《つまふくかぜの》 寒夜尓《さむきよに》 吾勢能君者《わがせのきみは》 独香宿良武《ひとりかぬらむ》

譽謝女王《よざのおおきみ》の作った歌

▼流れ行く つむじ風吹く 寒い夜に 夫は ひとりで寝ているだろうか

長皇子御歌

60 暮相而《よひにあひて》 朝面無美《あしたおもなみ》 隠尓加《なばりにか》 気長妹之《けながきいもが》 廬利為里計武《いほりせりけむ》

長皇子《ながのみこ》のお歌

▼ゆうべ逢《あ》って 朝恥ずかしくて 隠《なば》るという名張《なばり》にでも 旅立って久しい貴女《あなた》は 仮寝していたのだろうな

舎人娘子従駕作歌

61 大夫之《ますらをの》 得物矢手揷《さつやたばさみ》 立向《たちむかひ》 射流円方波《いるまとかたは》 見尓清潔之《みるにさやけし》

舎人娘子《とねりのおとめ》が供奉《ぐぶ》して作った歌

▼ますらおが 矢を指に挟《はさ》み 立ち向い 射るというその的形《まとかた》の浜は 見るからにすがすが

60 宵《よひ》に逢《あ》ひて 朝面《あしたおも》なみ 名張《なばり》にか 日長《け》き妹《いも》が 廬《いほ》りせりけむ

長皇子《ながのみこ》の御歌《みうた》

61 ますらをの さつ矢手挟《たばさ》み 立ち向かひ 射る的形《まとかた》は 見るにさやけし

舎人娘子《とねりのをとめ》が従駕《じゅうか》して作る歌

しい

高市連黒人《たけちのむらじくろひと》が羇旅《きりよ》の歌八首

270 旅にして　もの恋《こひ》しきに　山下《やまもと》の　赤《あけ》のそほ船《ぶね》　沖を漕《こ》ぐ見ゆ

高市連黒人羇旅歌八首

270 客為而《たびにして》　物恋敷尓《ものこひしきに》　山下《やまもとの》　赤乃曾保船《あけのそほぶね》　奥榜所レ見《おきをこぐみゆ》

高市連黒人《たけちのむらじくろひと》の旅の歌八首

▼旅に出て　そぞろ家が恋しい時　先ほど山裾《やますそ》にいた　朱塗りの船が　沖の辺りを漕《こ》いで行くのが見える

271 桜田《さくらだ》へ　鶴《たづ》鳴き渡る　年魚市潟《あゆちがた》　潮干《しほひ》にけらし　鶴鳴き渡る

271 桜田部《さくらだへ》　鶴鳴渡《たづなきわたる》　年魚市方《あゆちがた》　塩干二家良之《しほひにけらし》　鶴鳴渡《たづなきわたる》

▼桜田《さくらだ》の方へ　鶴《つる》が鳴いて飛んで行く　年魚市潟《あゆちがた》では　潮が干たらしい　鶴が鳴いて飛んで行く

272 四極山《しはつやま》　うち越え見れば　笠縫《かさぬひ》の　島漕《こ》ぎ隠《かく》る　棚《たな》なし小船《をぶね》

272 四極山《しはつやま》　打越見者《うちこえみれば》　笠縫之《かさぬひの》　嶋榜隠《しまこぎかくる》　棚無小船《たななしをぶね》

▼四極山《しはつやま》を　越えて見渡すと　笠縫《かさぬい》の　島に漕《こ》ぎ隠れて行くのが見える　船棚《ふなだな》もない小船が

276 妹《いも》も我《あれ》も　一つなれかも　三河《みかは》なる　二見《ふたみ》の道ゆ　別れかねつる

一本に云《い》はく、「三河の　二見の道ゆ　別れなば　我《わ》が背《せ》も我《あれ》も　ひとりかも行《い》かむ」

276 妹母我母《いももあれも》　一有加母《ひとつなれかも》　三河有《みかはなる》　二見自レ道《ふたみのみちゆ》　別不勝鶴《わかれかねつる》

一本云　水河乃《みかはの》　二見之自レ道《ふたみのみちゆ》　別者《わかれなば》　吾勢毛吾文《わがせもあれも》　独可文将レ去《ひとりかもいかむ》

▼妻もわたしも　一つであるからか　三河国《みかわのくに》の　二見《ふたみ》の道から　別れられない

ある本には「三河国の　二見の道で　別れたら　あなたもわたしも　ひとりで行くのですか」

これらのうち、巻一に収められた五首の歌は、いずれも大宝二年の持統上皇三河行幸にかかわる一連の歌として、これまでの長い万葉集研究の中でとくに異論なく認められているものであります。ところが、どんな注釈書を見ても不思議なことに、といっても私は万葉集研究の専門家ではありませんので、注釈書や研究論文を漏らさず点検したわけではありませんが、定評のある著名な注釈書などをざっと見た限りでは、一首一首の注釈はあっても、五首を全体として行幸時の詠歌と見て、互いに関連づけて意味をとり、三河行幸を全体として復元し、その中で個々の歌を位置づけ、鑑賞するという試みは無いようであります。

このことは、万葉集研究が国文学者を中心に行なわれてきて、一首一首の読み下しや語釈、地名考証などに主力が注がれ、万葉集を使って古代の歴史の復元や叙述にふくらみを持たせるという、いわば応用的な領域は二の次であったということがあろうかと思います。

また、万葉歌の鑑賞の場合でも、作家論的な取り上げ方が主流で、個人主義的な感傷や叙情の批評に力点が置かれ、ややもすれば時代的背景を捨象した超歴史的な言説、言ってしまえば近代的・現代的な解釈や鑑賞・批評になっているような場合が、少なからず見られるように思います。

それも現代人の万葉鑑賞法として一概に否定はできませんが、やはり古代史家・歴史学徒としては、万葉歌を古代史料として読み解くことが大切で、国文学者の研究を基礎に、歴史的背景を十分に考慮しつつ、その意味を読み取り、解釈を加え、歌に詠み込まれている古代の地理や歴史や人間像を復元してゆくことが、われわれに課された重要な任務ではないか、と考えるのです。

✝吉野裕と伊藤博

こうした課題に私の眼を開いてくれた学者として、吉野裕氏と伊藤博氏の二人の方がおられます。いずれの先生にも直接お目にかかったことはありませんが、書物を通してたくさん教えを受けたと思っております。その一人、吉野裕氏には、昭和十八年（一九四三）に伊藤書店から、藤間生大『日本古代家族』、清水三男『上代の土地関係』、奈良本辰也『近代陶磁器産業の成立』などと一緒に、日本学術論叢シリーズの一冊として刊行された『防人歌の基礎構造』があります。私が最初に手にしたのは、昭和三一年（一九五六）に御茶の水書房から全書判の瀟洒《しょうしゃ》本として増補再刊された版で、西郷信綱氏の「本書に寄せて」があとがきとして付けられていました。多分、私が静岡大学の学部の学生時代のことだったと思います。

この本の主題は、防人歌を集団的歌謡としてとらえ、それが成立する場として、防人の制度と、歌のうたわれ方とを考察しています。だから個々の歌はばらばらにされた独立的で自由な個人の叙情や感傷としてではなく、「集団的自己の表現」として認識され、歌が成立する場＝座集団の中で理解されることになるのです。この吉野氏の著書は、若かった私にとって、本当に衝撃的かつ魅力的でありました。

私が最初にこの吉野流の万葉解釈を取入れて歴史の叙述に生かそうと試みたのは、昭和五八年（一九八三）刊行の『袋井《ふくろい》市史』通史編、第二章第一節「万葉集と袋井」でした。万葉集巻二十の防人歌の中には、天平勝宝七歳（七五七）二月に、西辺防備に向った遠江国麁玉《あらたま》郡・長下《ながたのしも》郡・山名《やまな》郡・佐野《さや》郡の兵士らの短歌七首（四三二一〜二七）が収められています。これらは、同年二月の六日、当時兵部少輔であった大伴宿禰《すくね》家持の要請によって、防人部領《ぶりよう》使《し》・遠江国史生《ししやう》坂本朝臣人上《ひとかみ》が進上した十八首中から、家持が拙劣歌とした十一首を除いたものでありました（同歌群左注）。これらをひとまとまりのものと見て、第一首の「言い立て」に始まり、詠み継ぐほどに変化する「集団的個人」の心情を読解してみたのです。

近年の解釈では、これらの歌の詠まれた時点は出発時、道中、難波と多様であった、とされているようで、次に述べるもう一人の万葉学者、伊藤博氏の『万葉集釋注』(集英社)では「巻二十の諸国の防人歌はその国において連をなしているわけではけっしてない。おおむね階級順に並んでいるだけで、前後の歌に脈絡はない」(『釈注』十、四〇七頁)として、一国ごとの歌群ではあるが、詠まれた順序が表現される連ではない、というのです。

しかし、この判断は拙劣歌が半分以上捨てられるということがあって、原状の復元が困難である以上、一概には断定できないことであり、私としては伝えられたテキストの配例をひとまず尊重し、吉野説の着想を生かした仮説的吟味になお拘《こだ》わってみる必要があると考えています。

次に私が、万葉歌を歴史史料として読解してみるという試みをしたのが、冒頭で申しましたように、本日の講演の元になりました「古代国家形成期の東海地域と大和王権」です。ここで私は巻一に収められた五首(五七〜六一)をひとまとまりのものと見て、その順序を尊重し、最初の二首は持統上皇が三河国滞在中に引馬野に遊んだ時の歌と、その帰りに安礼《あれ》の崎で見た棚無し小船に思いを寄せた歌であり、それぞれ長忌寸奥麻呂と高市連黒人の詠んだものであるらしいことは左注として記されてはいるのです。しかし、五九番から六一番歌には題詞があって「作歌」あるいは「御歌」とそれぞれの詠み手が判然としているのに対して、明示的ではありません。

このちがいを、澤瀉《おもだか》久孝氏の『萬葉集注釋』（中央公論社　一九五七年）では「別の資料によったものか」（巻第一―三七九頁）といい、伊藤『釋注』もこれを継承しています。両氏は師弟関係にある万葉集研究の大家として知られ、ともに四五〇〇余首の全歌注釈を完成させた方であり、その言説は尊重しなければならないのではありますが、この解釈ないし説明には確たる理由が明示されていず、私としてはどうにも納得いたし兼ねるのです。

とくに伊藤氏は「万葉集を歌群としてあるがままにとらえ、それに対して〝解釈と

それならば、元明天皇の意を体して二巻本の形成にあたった編者は誰であろうか。その有力候補として想い起こされるのは、元明天皇の命をうけて『古事記』を撰進した太安万侶（おおのやすまろ）である。巻一・巻二と『古事記』との深いかかわり、巻一・巻二の形成が『古事記』撰進（和銅五年）の直後にあたっていることを重視するからである。さらに、『日本書紀』が、対外的な、そして治道参考書であるのに対し、『古事記』が、本来持統女帝の発意にもとづく教養書であったらしいことも考慮される。『古事記』がそうした書物であるなら、『古事記』と深くかかわりながら成り立った「持統万葉」や「元明万葉」も、具体的にいえば皇子・皇女などに読ませることを一つの重要な目的として編まれたものと見てよかろう。このように見てくると、『万葉集』が「持統万葉」から「元明万葉」へと、中継ぎ天子である女帝から女帝への橋を渡って形成された由来にも理解がとどく。「元明万葉」の編者あるいは編者の一人に太安万侶を想定することは、可能性のないことではなさそうである。

（伊藤博「万葉集」『日本古典文学大辞典』岩波書店　一九八五年）

しての注〃を加える」という点に已の存在意義を置かれた方です（『釋注』一、五二二頁）。しかも、『万葉集』の成立について独自の見解を発表され、一般に初期万葉と呼ばれている巻一、巻二について、同一の編者によって、和銅五年（七一二）から養老五年（七二一）の間に、元明天皇の発意によって成立したとし、その編者として、元明天皇の命を受け『古事記』を編纂した太安萬侶がこの二巻本の編集に深く関わっていた、というのです。そして、その目的は皇子たちの教育のための教養書としてであり、その中心に若き日の聖武天皇・首《おびと》皇子《のみこ》がいた、と言っておられるのです（前頁参照）。

✝太安萬侶と万葉集

太安萬侶が首皇子の教育に関わっていたのではないか、ということは別の証拠からも推定できる事柄で、私はこの伊藤さんの説に接した時、わが意を得たりと得心したのです。その証拠というのは『万葉集』にあって、巻八の一六一四〜一五番の、遠江守桜井王が初雁の便りの故事に寄せて、聖武天皇に贈った歌に対する、天皇の返しの歌なのです。

　　遠江守桜井王《とほたふみのかみさくらゐのおほきみ》、天皇《てんわう》に奉《たてまつ》る歌一首

1614　九月《ながつき》の　その初雁《はつかり》の　便りにも　思ふ心は　聞こえ来《こ》ぬかも

遠江守桜井王奉㆓天皇㆒歌一首

1614 九月之《ながつきの》 其始鴈乃《そのはつかりの》 便尓毛《たよりにも》 念心者《おもふこころは》 可レ聞来奴鴨《きこえこぬかも》

遠江守桜井王《とおとうみのかみさくらいのおおきみ》が天皇（聖武）に差し上げた歌一首

▼九月の あの初雁《はつかり》の 便《びん》でなりとも 思ってくださるお気持が 聞えてこないものか

天皇の報和《こた》へ賜《たま》ふ御歌《おほみうた》一首

1615 大《おほ》の浦《うら》の その長浜に 寄する波 ゆたけき君を 思ふこのころ 〈大《おほ》の浦《うら》は遠江国《とほたふみのくに》の海浜の名なり〉

天皇賜二報和一御歌一首

1615 大浦之《おほのうらの》 其長浜尓《そのながはまに》 縁流浪《よするなみ》 寛公乎《ゆたけききみを》 念比日《おもふこのころ》 大浦者遠江国之海浜名也

天皇の遣《つか》わされた答えのお歌一首

▼大《おお》の浦《うら》の その長浜に 寄せる波のように ゆったりとした君を 格別に思うこの近頃だよ〈大《おお》の浦《うら》とは遠江国《とおとうみのくに》の海浜の名である〉

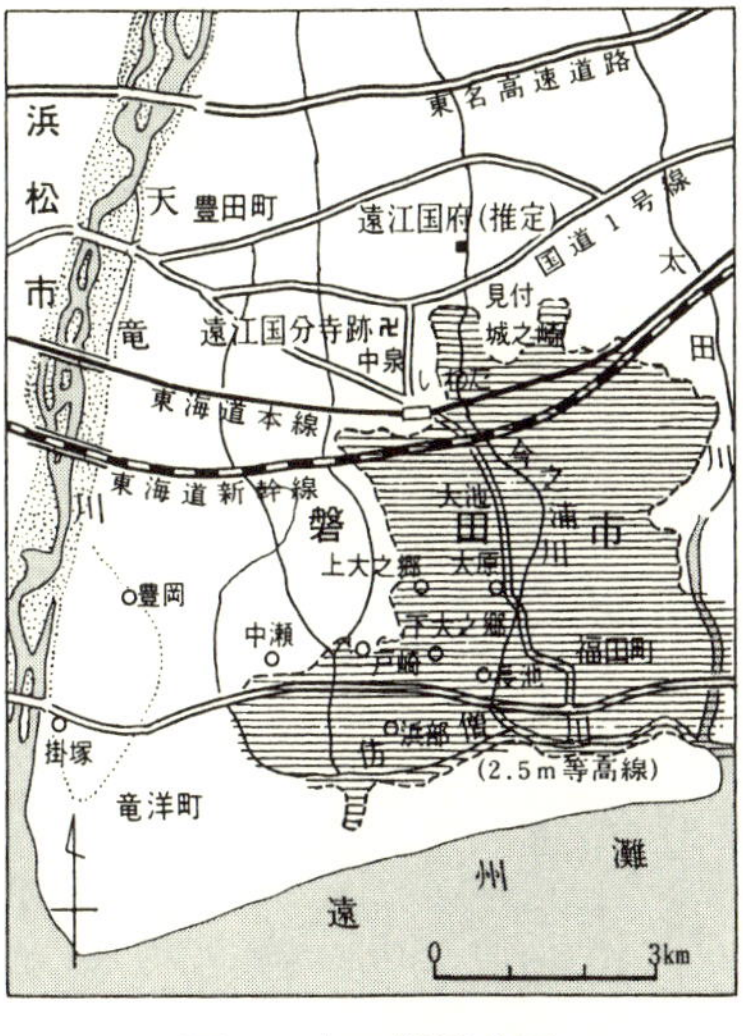

図1 大の浦推定図
（『新編日本古典文学全集7萬葉集2』〈小学館〉より）

初句の大の浦は、遠江国府の置かれた磐田市南部にあった潟湖《せきこ》のことで、それが飫宝郷《おおおお》（大郷）に所在したことから名付られたものであり、郷名も湖名も元来は太《おお》（多・意富）氏一族の居住地（或いは所領地）に由来するものだったのです。

桜井王は血筋の上では聖武天皇とまたいとこの関係で、天平元年（七二九）、聖武帝即位の時に近侍した「風流侍従」（学問的教養のある風雅な侍従）と呼ばれた十余名の中の一人であったことが『藤氏家伝』下巻の武智麻呂伝に見えます。聖武帝と桜井王と大の浦をつなぐ共通項に太安萬侶がいて、首皇子と桜井王は共に古事記・万葉集を学んだ学友であり、聖武帝の大の浦の知識は若き日に安萬侶から教えられたものではなかったかと考えたのです。このことは、講演録『日本古代国家の起源と邪馬台国』（国民会館　平成十六年［二〇〇八］）の中でやや詳しく述べています。なお、その時は稗田阿礼について女性説に傾いておりましたが、後述しますように、今回、安礼の崎の名義が判明しましたので、撤回することといたしました。また、古事記の撰述目的についての私見の要点は、最近刊行した監修本『新装版マンガ古事記伝承編』（河出書房新社　平成二三年［二〇一一］）の「あとがき」で記しました。ご一見いただければと思います。

†三河行幸歌群の解釈

話が少々横道にそれました。元に戻しまして、澤瀉・伊藤両氏が、最初の二首とあとの三首とは資料の出所が異なるとされた点について、われわれ歴史家にも判る明確な根拠と説明が示されない限り、中々納得いたし兼ねるのであります。やはり、これら五首は今あるテキストに即して、ひとまず虚心に理解することが第一になすべきことで、それで意味が取れなかったり、事実関係に矛盾が生じたりする場合は、字句の訂正や、矛盾を解消するための憶測が許されるのだと思います。

三河行幸歌群冒頭の引馬野の歌は、左注に「右一首、長忌寸奥麻呂」、第二首は「右一首、高市連黒人」とあって、第三首以下とは異なり、これらの歌が両人の作歌であるという明記はありません。これに対し、続く三首はそれぞれ、「誉謝女王作歌」、「長皇子御歌」、「舎人娘子従駕作歌」と題詞があり、歌の作者が明確であります。この相違はなぜなのでしょうか。史料の出拠がちがうのだと、理由もなく判定する前に、テキストに即してその意味をさぐることが大切だと思います。

私が着目したのは、第一首・五七番で作者とされる奥麻呂と、そこで歌われている情景とその意味との関係、つまり釣合です。色づいた榛《はん》の木の茂る引馬野に思い思いに入って、旅の思い出に摺り衣していらっしゃいよ、という呼びかけが、果して「行幸に従駕して多くの応詔歌をなし、宮廷歌人的性格を備えている」（『万葉集辞典』武蔵野書院　一九九三年）とされる奥麻呂が自作の歌に詠めるような内容なのだろうか、ということです。奥麻呂は下級官人とも推定されているのですが、恐らく、持統上皇に従う王女や多数の女官たちに向って、こうした呼びかけがさっと口から出ても違和感のない身分や地位にある人物とはとうてい思えないのです。しかも、誉謝女王や長皇子の歌よりも先に掲げられているということも、後から申し述べる行幸の旅程順序という問題はしばらく措くとして、身分序列からしても、まず考えられないことです。

このように考えて参りますと、この歌で詠まれている情景の中心にいるのはほかならない持統上皇その人であって、その上皇の引馬野での女官たちへの呼びかけの一瞬を、あたかも一齣《ひとこま》の写真《ショット》の如く歌に詠み取ったのが、行幸従駕の宮廷歌人奥麻呂だったのではないでしょうか。だから巻一の編者は左注に「右一首、長忌寸奥麻呂」と注するにとどめ、奥麻呂の自由で独立的な詠歌としては扱わなかったのだ、と考えたのです。

このことは、次の五八番歌についても言えることであって、安礼の崎で見た棚無し小船は今宵は何処で船泊りしているだろうね、と思いを馳せる心情は、帝王の仁徳の然らしむるところであって、古代の下級官僚の旅先での心遣いや感慨とは到底思えないのです。

だからこそ、この二首は、行幸歌群の冒頭に、三河滞在中の上皇の行動記録として収められたのだと思います。

御言持ち歌人と起居注歌

これに類似したいわゆる初期万葉の著名な一首に、巻一の八番歌

熟田津《にきたつ》に　船乗りせむと　月待てば　潮もかなひぬ　今は漕ぎ出でな

があります。この歌は、題詞には、斉明天皇の代《みよ》、「額田王の歌」とあって、例えばその次の九番歌の題詞に「紀の温泉《ゆ》に幸《いでま》せる時に、額田王の作る歌」とあるように、額田王の作（れ）る歌と、それと明らかに判明する表記がなされておりません。

この熟田津の歌は、直木孝次郎先生が「夜の船出」（『夜の船出』塙書房　一九八五年）という珠玉の小論を書かれる端緒となったものでもあり、古代史にかかわる者には周知の一首ですが、題詞とは別に左注には、山上憶良の『類聚歌林』を引いて長文の論があり、「即ち、この歌は天皇の御製《おおみうた》なり」と斉明天皇の作であると断定していて、古来この歌の作者をめぐってはとかくの議論のある、問題歌なのです。

ではどうしてこういう問題が起るのか。この点についてユニークな解釈を示したのが伊藤博氏です。伊藤氏は、題詞に「王歌」とあって、左注には天皇御製とする歌がこの八番歌の他に、七番と一七～一八番の長歌と反歌の二例があり、万葉集中に四例しかない類例中の三例までも占めるのは、「額田王が天皇の意を体し、その立場で歌を詠む人」すなわち「御言《みこと》

持《も》ち歌人」でもあったことに由来する（『釋注』一―五三頁）と言っておられます。

しかし、この考え方を詳しく述べておられる七番歌について見ると、この歌の歌意は山背国の宇治に仮廬＝行宮を作って一夜を過した時を回顧した時の歌でありますから、額田王が皇極天皇に近侍して回顧談を記録したもの、ないしは、その情景を詠みとったもの、と解されるのであり、その場の中心人物は皇極帝とみるべきであります。それ故、左注の『類聚歌林』が引く一書のように、戊申《ぼしん》年（六四八・大化四）に皇極天皇が近江の比良宮に行幸の時の御製という説が伝えられることになるのであります。巻一の編者が、題詞に「額田王歌」として、敢て「作歌」とはせず、しかも「未詳」と注して額田王の関与すら特定しなかったのは、この歌が額田王の名とともに伝えられながらも、皇極帝自らが詠んだ歌の可能性が高かったからではないか、とも考えられるのです。

このように解しますと、伊藤氏のように、額田王を女帝の心境をそのまま歌にする「御言持ち歌人」とする性格づけには、にわかに賛意を表し難いのです。ここでは、やはり引馬野歌と同様に、従駕ないし近侍の官人の情景記録歌であって、中国では周代から始まると伝えられる帝王・天子の日常記録としての「起居注《ききよちゆう》」に通ずる、言ってみれば〝歌の起居注〟とも言うべきものではあるまいか、と私は考えるのです。それで以下、天皇近侍の歌人によるこの種の歌を、「起居注歌」ないし「起居記録歌」と呼ぶことにしたいと思います。

このように考えて参りますと、先に取り上げました八番歌・熟田津歌について、伊藤氏が「大化四年（六四八）の宇治行幸を契機に、御言持《みことも》ち歌人の働きを許されたと見られる額田王は、十三年後のこの重大な場面においても、天皇そのものになりきってより厳粛な言語を口走る栄誉を担ったのであるらしい」（『釋注』一―五九頁）とまで言われるのは、歴史の現実を離れた、いささか過剰な思い入れと言わざるを得ません。この夜の船出の歌も「歌の起居注」或いは「起居注歌」と見るべきものであり、そのことが後世いつしか忘れられ、この歌の主人公と詠み手との関係が混同されてしまって、作者をめぐる議論が生ずるに至ったものと考えられるのです。

✝何某歌と何某作歌

初期万葉の歌の機能を論じた所で、もう一つの事例について簡略に述べて置きます。それは巻一の十七～十九番の「額田王、近江国に下る時に作る歌、井戸王《いのへのおおきみ》が即《すなわ》ち和《こた》ふる歌」です。この歌群は額田王の長歌一首（十七番）と反歌一首（十八番）、それに井戸王の唱和一首（十九番）の三首からなっています。これらは、いずれも天智六年（六六七）の近江遷都により、飛鳥の地を去る時のものとされています。原文には「額田王下二近江国一時作歌」とありますが、その左注には『類聚歌林』を引いて「都を近江国に遷《うつ》す時に、三輪山を御覧《みそこなわ》す御《み》歌《うた》なり」とあり、天智天皇の御製ともしています。この歌の作者をめぐっては、古来見解の分れるところでありますが（澤瀉『注譯』参照）、歌意は返歌に端的に示されておりますように、飛鳥古京を去り難い、惜別の情をうたったものでありますから、白村江《はくそんこう／はくすきのえ》の敗戦（天智二年・六六三）を受けて、国難に処すべく遷都を決意した天智帝の心情を詠んだ歌とするには問題があるように思います。

ところが、伊藤氏は、この長歌と反歌は「去り行く人びとのそうした願いを代弁して詠まれた。一行の願いはつきつめれば天皇によって代表される。額田王の声はすなわち天皇の声であった。つまり、ここでも額田王は御言持ち歌人として歌を奏でている」として、左注が引く『類聚歌林』の天智天皇説は、この間の事情を伝えるものだ（『釋注』一―八四頁）と言っておられます。しかし、題詞では明確に「額田王…作歌」としており、「額田王…歌」ではありません。ところが、題詞の「作」については校訂注があり、元暦校本と紀州本については「額田王…歌」とあって、作の字はないというのです。

「額田王…歌」が原本本来の題詞であれば、額田王は起居注歌として詠んだと、萬葉集巻一の編者は考えていたと解することが許されるのでありますが、伊藤氏が原文校訂に使用された古写本は二八点で、そのうち、元暦校本・紀州本の二本を除いて古写本の大半（二六本）が「額田王…作歌」としているとなると、やはり大勢は、特別な事情がない限り、編者は額田王作歌として、自作の歌と判断していたと見なければならないように思います。古写本の系統や、それぞれの価値評価については専門家の判断を俟《ま》つ他ありませんが、「何某歌」と「何某作歌」に着目して判断する限り、この長歌と反歌は額田王の自作と判断して歌意や歴史的状況と矛盾するところはないと思います。

これに唱和した「綜麻形《へそかた》の　林のさきの　さ野榛《のはり》の　衣《きぬ》に付《つ》くなす　目につく我《わ》が背《せ》」という井戸王の歌は、左注には「和《こた》ふる歌に似ず」としてはいます。しかし、近年の解釈では、三輪山神話を背景に、「さ野榛」を針にかけ、「我が背」を大物主や天智天皇に重ね合せて、不安の解消や讃美をしたものと解しているようです（多田一臣訳注『万葉集全解』一　筑摩書房　平成二一年〔二〇〇九〕）。これ以上立入ると、横道に迷いこんでしまいますので、この辺りで止めたいと思います。

以上、旧稿では従駕の宮廷歌人たちの「起居注歌」ないし「歌の起居注」と見るべきものの存在を、初期万葉の花形歌人ともいうべき額田王に見たわけであります。『万葉集』巻一—五八・五九番の長忌寸奥麻呂と高市連黒人の歌とされてきたものは、まさにこの系列に連なるもので、行幸に従駕した彼ら宮廷歌人の起居記録の歌であり、これらの歌の主人公は、まさに持統太上天皇その人であったのであります。

†帰路の三首の記録性

これに対し、次に続く『万葉集』巻一―六〇・六一・六三番の三首は、この三河行幸に従駕した誉謝女王と、自身は行幸には加わらなかったが、その妻が一行に加わった長皇子が妻の帰りを待ちわびた歌、それと従駕の女官、舎人娘子の歌が続くわけです。私はこの三首の配列に注目し、その順序が『続日本紀』の記す、尾張国・美濃国・伊勢国・伊賀国という帰路の順次とほぼ一致することから、『万葉集』巻一―五九番歌の初句、「ながらふる」は旅に出てから長いの意に、長良川の地名を掛け、また「つま」は行宮《あんぐう》（仮宮）の屋根の妻《つま》でもあって、長良川の川辺に行宮が造られ、そこに夜泊した時、屋根の妻に吹きつける川風の寒さに、在京のわが背＝夫《つま》の一人寝に思いをはせた歌と解したのです。このように読み解くことによって、従来、五九番の歌は在京の妻が旅の夫を思う歌と解釈されていたのですが、立場が全く逆転し、旅にある妻が夫を思う歌となったのです。

次の六〇番歌と六一番歌は、「隠《なばり》」は名張で伊賀国、「円方《まとかた》」は伊勢国というように順路からすると逆転していますが、これは長皇子と舎人娘子では身分が異なるため、順序を入れ替えたのだと考えました。長皇子の歌は、藤原京に待つ長皇子に、明日は帰るとの先触れが入り、今宵は名張の行宮に仮寝していることか、と妻を待ちわびる気持を詠んだものであろうと思います。

六一番歌は、伊勢の的方《まとかた》（松坂市東里部町辺り）の浜ぼめの歌とこれまでは解されていますが、これは旧稿でも指摘したように、地名の的方を射的の円的《まとかた》にかけた、演武の実景を詠んでいると見るべきで、従駕の騎士たちによる射的競技がこの的方の行宮で行なわれ、選ばれた若者達の凛々しい様を、舎人娘子は「さやけし」すがすがしい、と感じたのでありましょう。

このように歌の配列と行幸順路とを重ね合せることによって、この三首の歌のもつ意味は全く変ってくるし、また帰路の行宮の位置も、美濃国の長良川河畔、伊勢国の的方、伊賀国の名張と推定でき、また行幸途上での従駕の騎士の演武のありさまも窺い知ることができるわけです。ここに、万葉歌を個人的抒情を主軸に鑑賞する近代主義的解釈ではスッポリ抜け落ちてしまう、集団的歌謡群の豊かな記録性の特質を見出すことができる、と考えるのであります。

✝黒人羈旅歌中の四首

三河行幸にかかわる歌は、すでに述べましたように以上の五首に止まるものではありません。巻三に収められている高市連黒人羈旅歌八首中の四首、二七〇・二七一・二七二・二七六番歌は、この行幸時に詠まれたものと思われます。これらの歌は題詞に明示されていますように、黒人個人の作であって、彼のいわゆる宮廷歌人としての職務上詠んだいわゆる起居注歌とは区別されなければならないものであります。

これらのうち、二七〇番歌は、山上より眼下に朱塗りの船（官船ともいわれています）が沖へと漕ぎ出して行くのを見ると、都が恋しくなることだ、と三河滞在一か月にも及ぶ長旅の感懐を詠んだものと思われます。次の二七一番歌は、年魚潟《あゆちがた》を詠み込んでおりますから、一行が三河滞在を終えて帰路につき、尾張国愛智郡作良郷《さくら》（名古屋市南区に元桜田町がある）を臨む地に入った時の歌と見てよいでしょう。二七二番歌は、四極山《しはつやま》と笠縫の島をめぐって古くから諸説があり、澤瀉『注釋』に詳しいのですが、後述する阿礼の崎の棚無し小船ともかかわって、三河説をとりたいと思います。そうなりますと、四極山は幡豆郡の磯泊《しはつ》郷、現在の西尾市幡豆町・吉良町附近の山の可能性が高くなります。また笠縫の島は三河説では三河湾中の島とされていますが、笠縫の島は固有名詞ではなく、私は笠縫は島にかかる枕詞ではないかと考えています。

と申しますのは、伊豆国の三島神にかかわって「三島菅笠」という成句があり、万葉集巻十一に「三島菅《すげ》　いまだ苗なり　時待たば　着ずやなりなむ　三島菅笠」（二八三六番）とあり「三島菅」を若い娘にたとえ、その子の成長を待っていると、誰かに奪われてはしまいか、と不安な思いを菅笠に喩えた歌とされています。『注釋』では、三島菅は摂津国三島郡の三島江とされていますが、伊豆国の三嶋大社（三島市大社町）の東南、下田街道添いに間《まど》眼神社《ろみ》（三島市東本町二丁目）があり、この辺りはかつて菅を栽培する笠縫の里として知られ、三嶋大社の大祭には菅を献ずる古例が伝えられています。これは三島神とそれを奉斎する舟人集団にとって菅笠が必要不可欠な生活用具であったことを示すもので、島と笠縫との密接な関連性を証明するものと考えます。黒人の歌は島を漕ぎ隠れする棚無し小船に托して、長逗留にいささか疲れ、望京の心にゆれる里人の心情の詠出が主眼で、おそらく笠縫の島は固有名詞としての島の名ではなく、名も知らぬ島を詠み込む単調さを避けるための修辞的技法として、島や舟人と切り離せない笠縫が島という言葉を引き出すための枕詞として使われたのではないか、と解せられるのであります。

以上三首のうち、二七〇番、二七一番については帰路の順序に従っているとすることもできますが、二七二番歌はこの順序を生かすと再び三河に帰ることになりますから、行幸の道順には直接かかわらないものと思います。おそらく、三河滞在中の黒人の公務を離れた個人的行動での見聞を題材に詠んだもののように思われます。

†二見の道の夫婦唱和歌

さて、問題は最後の二七六番の歌であります。この歌は、三河の二見の道を詠み込んだ歌で、左注に「一本に曰く」として引かれた一首は、本歌に対して妻が唱和した歌であることは一見して明らかです。黒人には一家を率いて旅し、真野榛原（摂津国矢田部郡、神戸市長田区東池尻町）で妻と唱和した歌があり（巻三―二八〇・二八一）、この歌も持統行幸に従駕した夫妻が、三河の現地で交した唱和歌と見てよいと考えます。

従来、一本の歌に関しては諸説があり、澤瀉『注釋』に詳しく、小論で引用した『新編古典全集』の頭注では「女の作になぞらえた黒人の別案か」としていますが、その根拠は不明確で、説得的ではありません。この唱和の二首は、持統上皇の三河行幸に、黒人は「起居注歌」担当の官人として、また妻は上皇近侍の女孺《にょじゅ》、あるいは采女《うねめ》などのいわゆる宮人《きゅうじん》として一行に加わった時のものとして、歌の作られた場の歴史的背景に十分配慮しつつ、何よりもまず原文を素直に読解することが大切と思います。

二見の道は、三河国宝飯郡御油町《ごゆ》（現・豊川市御油町）の東はずれの追分にあり、近世までは東海道本道と本坂道《ほんざか》の分岐点で、通称二見別ともいわれ、賑いを見せていた所と伝えられています（『静岡県歴史の道　姫街道』静岡県教育委員会　平成七年［一九九五］）。追分から東に向って右手は東海道の本道で、小坂井・豊橋・高師原《たかしはら》・天白原《てんぱくはら》を経て遠江の湖西に入り、浜名郡新居《あらい》・舞坂を通って浜松城下引馬の宿に通ずる、いわば平場《ひらば》を通る南路であります。

一方、左手の道は本坂道《ほんさかみち》、別名姫街道とも呼ばれ、豊川・石巻《いしのまき》・嵩山《すせ》を経て本坂峠を越えて遠江国に入り、日比沢・三カ日《みっかび》を通って気賀に至り、細江を経て三方原に上り、追分を右にとれば浜松に通じ、浜松城下引馬宿に至ります。また、追分を左にとれば、有玉《あらたま》を通り、池田の渡船で天竜川を渡り、東海道に合流します。この本坂道の本坂とは、穂（宝飫《ほお》）の国の坂に由来するといわれ、いわゆる奥浜名の猪鼻湖《いのはなこ》、引佐細江《いなさほそえ》の湖岸に通じております。また、三ケ日と気賀の間には引佐山があり、この引佐峠は本坂峠に次ぐ難所ではありますが、浜名湖を一望に収める景勝の地でもあります。

二七六番の歌と左注の一本の歌を、黒人夫妻の唱和歌と理解しますと、この中で黒人が「二見の道ゆ　別れかねつる」と唱《うた》い、妻が「二見の道ゆ　別れなば」と和していることから、三河滞在中の持統上皇の一行がこの二見の道を二手に別れて遠江に入ったことは、ほぼ疑いないと思われるのです。妻が「わが背も我も　ひとりかも行かむ」とうたったのは、今風に解釈して、それぞれ孤独の一人旅になりますね、ということではなく、これまでの行幸中は一緒の旅をして来たのに、一行が二手に別れる旅では、今度は別々の旅になりますね、という意味と解すべきであります。夫婦それぞれの職務の違いが、一行が二手に別れることによって、二人を別々の集団に裂くことになった、と推測させるのであります。

このように考えますと、この黒人夫妻の唱和歌は、持統上皇の二見の道を二手に別れて遠江に入った行幸の行程を裏付けることになると考えます。旧稿では、このことにすでに気付いてはおりましたが、阿礼の崎＝新居説に力点を置き、また引馬野の比定は賀茂《かも》真淵説に寄りかかり過ぎていたため、黒人夫妻の唱和歌に立入って考察を加え、上皇一行の遠江入りを積極的に証拠立てることを怠っておりました。後述するように、今回御津町の現地調査の結果、安礼の崎は御津町御馬に比定せざるを得ないということになり、引馬野遠江説に独自の根拠を求める必要が生じたというわけであります。

黒人夫妻の唱和歌については三河、二見、一人と、数字を読み込んだ遊戯性の濃い歌とする指摘があります（『新編日本古典文学全集』頭注）。しかし、そのことをもってこの唱和歌を非現実的な仮空の遊びの歌と決めつけるのは行き過ぎだと考えます。澤瀉『注釋』は、一本の歌に注して、「前の歌をうけて『三河』『二見』『一人』と重ねたもので即興的な作である」としていますが、やはり従駕の黒人夫妻が二見の道を二手に分れて別々に行くことになったという実際の出来事をふまえた、写実的な唱和歌と解すべきであり、そこに数の語呂合せを即興的に折り込んだのは、宮廷歌人としての黒人の妻にふさわしい技倆《ぎりょう》の高さの表れと見るべきもののように思われるのです。

2 大宝元年紀伊行幸歌との比較検討

†紀伊行幸歌の構成

持統上皇三河行幸歌群の意義や特徴を理解する上で、参考になると思われますものに、その前年の大宝元年（七〇一）十月八日から十九日までの約二十日間にわたる、紀伊国武漏《むろ》温泉（牟妻とも。現在の白浜温泉）への持統上皇・文武天皇打揃っての行幸歌群があります。この歌群については、伊藤博氏に「紀伊行幸歌群の論」（『萬葉集の歌群と配列』上　塙書房　一九九〇年、所収）があり、万葉集巻九の「太上天皇・大行天皇幸二紀伊国一時歌十三首」を中心に、関連歌を含めた十八首についての専論がありますが、門外漢には少々手ごわ過ぎますので、私の理解できる範囲内で参考にさせて頂くことにします。

　私の見ますところ、この行幸に直接かかわると見られる万葉歌は、巻一雑歌の部に三首（五四〜五六）、巻二挽歌の部に三首（一四三〜一四六）、そして巻九雑歌の部の十三首（一六六七〜七九）と後人歌二首（一六八〇〜八一）の合せて十五首、総計二十一首であります。これらの歌群は行幸時に詠まれたものとして元来は一括されていたのではないかと推測されるのでありますが、種々の経緯をたどって各巻に分散されたものと思われます（以下、大宝元年の紀伊行幸歌を引用しますが、引用が長くなるため万葉仮名の原文は省略します）。

巻一

　大宝《だいほう》元年辛丑《しんちゅう》の秋九月、太上天皇、紀伊国《きのくに》に幸《いでま》せる時の歌

54　巨勢山《こせやま》の　つらつら椿《つばき》　つらつらに　見つつ偲《しの》はな　巨勢の春野を

右の一首、坂門人足《さかとのひとたり》

大宝《だいほう》元年九月に、太上天皇（持統《じとう》）が紀伊国《きのくに》に行幸された時の歌

▼巨勢山《こせやま》の　つらつら椿《つばき》を　つらつらと　見ながら偲《しの》ぼうよ　巨勢野《こせの》の春景を

右の一首は坂門人足《さかとのひとたり》

55 あさもよし　紀人《きひと》ともしも　真土山《まつちやま》　行《ゆ》き来《く》と見らむ　紀人ともしも

右の一首、調首淡海《つきのおびとあふみ》

▼（あさもよし）紀伊の人が羨《うらや》ましい　真土山《まつちやま》を　いつも行き来に見ているであろう　紀伊の人が羨ましい

右の一首は、調首淡海《つきのおびとおうみ》

或《ある》本の歌

56 河上《かはのへ》の　つらつら椿　つらつらに　見れども　飽《あ》かず　巨勢の春野は

右の一首、春日蔵首老《かすがのくらのおびとおゆ》

ある本の歌

▼川べりの　つらつら椿《つばき》　つらつらと　見て見飽きない　巨勢野の春景は

右の一首は、春日蔵首老《かすがのくらのおびとおゆ》

巻二

長忌寸奥麻呂《ながのいみきおきまろ》、結び松を見て哀咽《あいえつ》する歌二首

143 岩代の　崖《きし》の松が枝《え》　結びけむ　人はかへりて　また見けむかも

長忌寸奥麻呂《ながのいみきおきまろ》が結び松を見て悲しみ咽《むせ》んで作った歌二首

▼岩代の　崖《がけ》の松の枝を　結んだという　有間皇子は立ち帰って　また見たことであろうか

144 岩代の　野中《のなか》に立てる　結び松　心も解《と》けず　古《いにしへ》思ほゆ　未詳

▼岩代の　野中に立っている　結び松　その結び目のように心も解けず　昔のことが思われる　作者未詳

大宝《だいほう》元年辛丑《しんちう》、紀伊国《きのくに》に幸《いでま》せる時に、結び松を見る歌一首　柿本朝臣人麻呂《かきのもとのあそみひとまろ》が歌集の中《うち》に出でたり

146 後《のち》見むと　君が結べる　岩代《いはしろ》の　小松が末《うれ》を　また見けむかも

大宝《だいほう》元年、紀伊国《きのくに》に行幸があった時、結び松を見て作った一首　柿本朝臣人麻呂《かきのもとのあそんひとまろ》の歌集の中に出ている

▼後に見ようと思って　皇子が結んでおいた岩代《いわしろ》の　小松の梢《こずえ》を　また見たであろうか

巻九

大宝《だいほう》元年辛丑《しんちう》の冬十月に、太上《だいじゃう》天皇・大行《だいぎゃう》天皇、紀伊国に幸《いでま》せる時の歌十三首

1667 妹がため　我《われ》玉求む　沖辺なる　白玉寄せ来《こ》　沖つ白波

右の一首、上《かみ》に見ゆること既《すで》に畢《を》はりぬ。ただし、歌辞少《すこ》しく換《かは》り、年代相違《あひたが》へり。因《よ》りて累《かさ》ね載《の》せたり。

大宝《だいほう》元年十月に、太上天皇（持統《じとう》）と大行天皇（文武《もんむ》）とが紀伊国に行幸された時の歌十三首

▼妻のために　わたしは玉を求めている　沖辺にある　白玉を押し寄せて来てくれ　沖の白波よ

右の一首は、前にもう見えた。ただし、歌のことばが少し入れ替っており、年代にも相違がある。それで重ねて載《の》せておく。

1668 白崎《しらさき》は　幸《さき》くあり待て　大船《おほぶね》に　ま梶《かぢ》しじ貫《ぬ》き　またかへり見む

▼白崎よ　無事で待っていてくれ　大船に　梶《かじ》をいっぱい通して　また見に来よう

1669 三名部《みなべ》の浦　潮《しほ》な満ちそね　鹿島《かしま》なる　釣する海人《あま》を　見て帰り来《こ》む

▼三名部《みなべ》の浦に　潮よ満ちてくれるな　鹿島《かしま》で　釣している海人《あま》を　見て帰って来よう

1670 朝開《あさびら》き　漕《こ》ぎ出《で》て我《われ》は　湯羅《ゆら》の崎　釣する海人を　見て帰り来む

▼朝早く 船を漕《こ》ぎ出してわたしは 湯羅《ゆら》の崎で 釣している海人を 見て帰って来よう

1671 湯羅《ゆら》の崎 潮干《しほひ》にけらし 白神《しらかみ》の 磯《いそ》の浦廻《うらみ》を あへて漕《こ》ぐなり

▼湯羅《ゆら》の崎辺も 潮が引いているだろう この白神《しらかみ》の 磯《いそ》の浦辺を 苦労して漕いでいる

1672 黒牛潟《くろうしがた》 潮干《しほひ》の浦を 紅《くれなゐ》の 玉裳裾引《たまもすそび》き 行《ゆ》くは誰《た》が妻

▼黒牛潟《くろうしがた》の 潮干《しおひ》の浦を 紅《くれない》の 裳《も》の裾《すそ》を引いて 歩いているのは誰の妻だろう

1673 風無《かざなし》の 浜の白波 いたづらに ここに寄せ来《く》る 見る人なしに〈一に云《い》ふ、「ここに寄せ来《く》も」〉

右の一首、山上臣憶良《やまのうへのおみおくら》の類聚歌林《るいじうかりん》に曰《いは》く、長忌寸意吉麻呂《ながのいみきおきまろ》、詔《みことのり》に応《こた》へてこの歌を作る、といふ。

▼風無《かざなし》の 浜の白波が ご苦労にも ここに寄せて来る 見る人もなくて〈また「ここに寄せて来ることよ」〉

右の一首は、山上臣憶良《やまのうえのおみおくら》の『類聚歌林《るいじゅうかりん》』には、長忌寸意吉麻呂《ながのいみきおきまろ》が天皇の詔《みことのり》にお応《こた》えしてこの歌を作った、という。

1674 我《わ》が背子《せこ》が 使ひ来《こ》むかと 出立《いでたち》の この松原を 今日《けふ》か過ぎなむ

▼あの方《かた》の 使いが来ないかと 出で立ち待つという出立《いでたち》の この松原を 今日《きょう》通り過ぎるのか

1675 藤白《ふぢしろ》の　み坂を越ゆと　白たへの　我《わ》が衣手《ころもで》は　濡《ぬ》れにけるかも

▼藤白《ふじしろ》の　み坂を越えるとて（白たへの）わたしの衣手は　濡《ぬ》れてしまった

1676 背《せ》の山《やま》に　黄葉常敷《もみちつねし》く　神岡《かみをか》の　山の黄葉は　今日《けふ》か散るらむ

▼背《せ》の山《やま》には　紅葉《もみじ》がずっと散り敷いている　大和《やまと》の神岡《かみおか》の　山の紅葉は　今日あたり散っていることだろうか

1677 大和《やまと》には　聞こえ行《ゆ》かぬか　大我野《おほがの》の　竹葉刈《たかはか》り敷き　廬《いほ》りせりとは

▼大和には　聞えていかないものか　大我野《おおがの》の　竹の葉を刈り敷いて　わびしく仮寝《かりね》していると

1678 紀《き》伊の国の　昔猟夫《むかしさつを》の　鳴る矢もち　鹿《か》取りなびけし　坂の上《うへ》にそある

▼紀伊《きい》の国の　昔のあの猟師が　鏑矢《かぶらや》で　あまたの鹿《しか》を捕えた　その坂の上なのだ

1679 紀《き》伊の国に　止《や》まず通《かよ》はむ　妻《つま》の社《もり》　妻寄《よ》しこせね　妻と言ひながら〈一に云《い》ふ、「妻賜《たま》はにも妻と言ひながら」〉

右の一首、或《ある》は云はく、坂上忌寸人長《さかのうへのいみきひとをさ》の作なりといふ。

▼紀伊の国に　絶えず通《かよ》おう　妻の社《もり》よ　妻を授けたまえ　妻というからには〈また「妻を恵んでたもれ　妻というからには」〉

右の一首は、あるいは坂上忌寸人長《さかのうえのいみきひとおさ》の作だという。

後《おく》れたる人の歌二首

1680 あさもよし　紀伊《き》へ行《ゆ》く君が　真土山《まつちやま》　越ゆらむ今日《けふ》ぞ　雨な降りそね

あとに残った人の歌二首

▼（あさもよし）紀伊へ行くあの方《かた》が　真土山《まつちやま》を　今日《きょう》あたり越えているはず　雨よ降らないでおくれ

1681 後《おく》れ居《ゐ》て　我《あ》が恋ひ居《を》れば　白雲の　たなびく山を　今日か越ゆらむ

▼あとに残って　わたしが恋い慕っている時分　白雲の　たなびく山を　今日越えていることだろうか

まず巻一の五四・五五番の歌は、題詞に「太上天皇、紀伊国に幸せる時の歌」とあり、左注に「右の一首」として歌人名の記されているところから、私のいう起居注歌であって、「見つつ偲はな　巨勢の春野を」と言い、また「紀人ともしも」と羨んだのは、太上天皇＝持統上皇その人にほかならないと思います。これは「勅撰集並みの公的性格を色濃く留めている」（『新編日本古典文学全集』①―七二頁）とされる巻一・巻二の雑歌の部に、三河行幸歌冒頭の二首と同様、持統上皇の言動記録として抽出・採録されたと思われるのです。

ついで、巻二の挽歌の部に収められた、長忌寸奥麻呂の哀咽歌二首（一四三・一四四番）

と柿本朝臣人麻呂の一首（一四六番）は、有間皇子の自傷歌二首から始まる挽歌の部の関連歌として撰ばれたと思われるものです。このうち、人麻呂の挽歌は題詞の注に「柿本朝臣人麻呂が歌集の中に出でたり」とあるところを見ますと、巻九の雑歌十三首などと同じく、大宝元年の紀伊国行幸の折に作られたもので、いわゆる人麻呂歌集から採られたものと推定されています。但し、この挽歌三首が、雑歌とは区別されて収められていたのか、或いはその中に混在していたものから選ばれたものかは判然としていません。

そして第三は、雑歌十三首と後人歌二首の十五首であります。十三首の冒頭に置かれた一六六七番歌は古歌の小字句を変えた再録でありますが、伊藤氏はこれを含めて十三首の前半の八首（一六六七〜七四番）は往路の海浜の詠であり、後半の五首（一六七五〜七九番）までは帰路の山路の詠で、つづく後人歌二首（一六八〇〜八一番）は行幸に参加せず、藤原宮に留まって留守を守った人の歌としています。この後人は、通常旅に夫を送り出して、家で帰りを待つ妻と解されていますが、ここは妻は妻でも、宮仕えの女官・宮人だったのではないでしょうか。

†往路の船旅の詠歌

まず往路の詠歌で注目される点は、冒頭の一六六七番の歌が斉明四年（六五八）十月の紀伊国行幸時の歌の焼き直しで、これを言立てとして海浜の歌七首が続くのでありますが、その第二首（事実上の第一首）に「白崎は　幸くあり待て　大船に　ま梶しじ貫き　またかへり見む」とあって、この旅が往復とも大船を使って海路を取ったことを暗示していることであります。このことは、斉明四年の紀伊行幸の折に、皇孫建王《たけるのみこ》を偲んで斉明帝が口号《くつうた》、すなわち即吟したと伝える三首（『日本書紀』斉明四年十月甲子条、『万葉集』一一九・一二〇・一二一番）に、「山越えて海渡るとも」（其一）と吟じ、また「水門の　潮のくだり　海くだり」（其二）と詠じておりますことによっても、「紀温湯《きのゆ》」＝武漏温湯《むろのゆ》の旅が海路を使うものであったことを示し

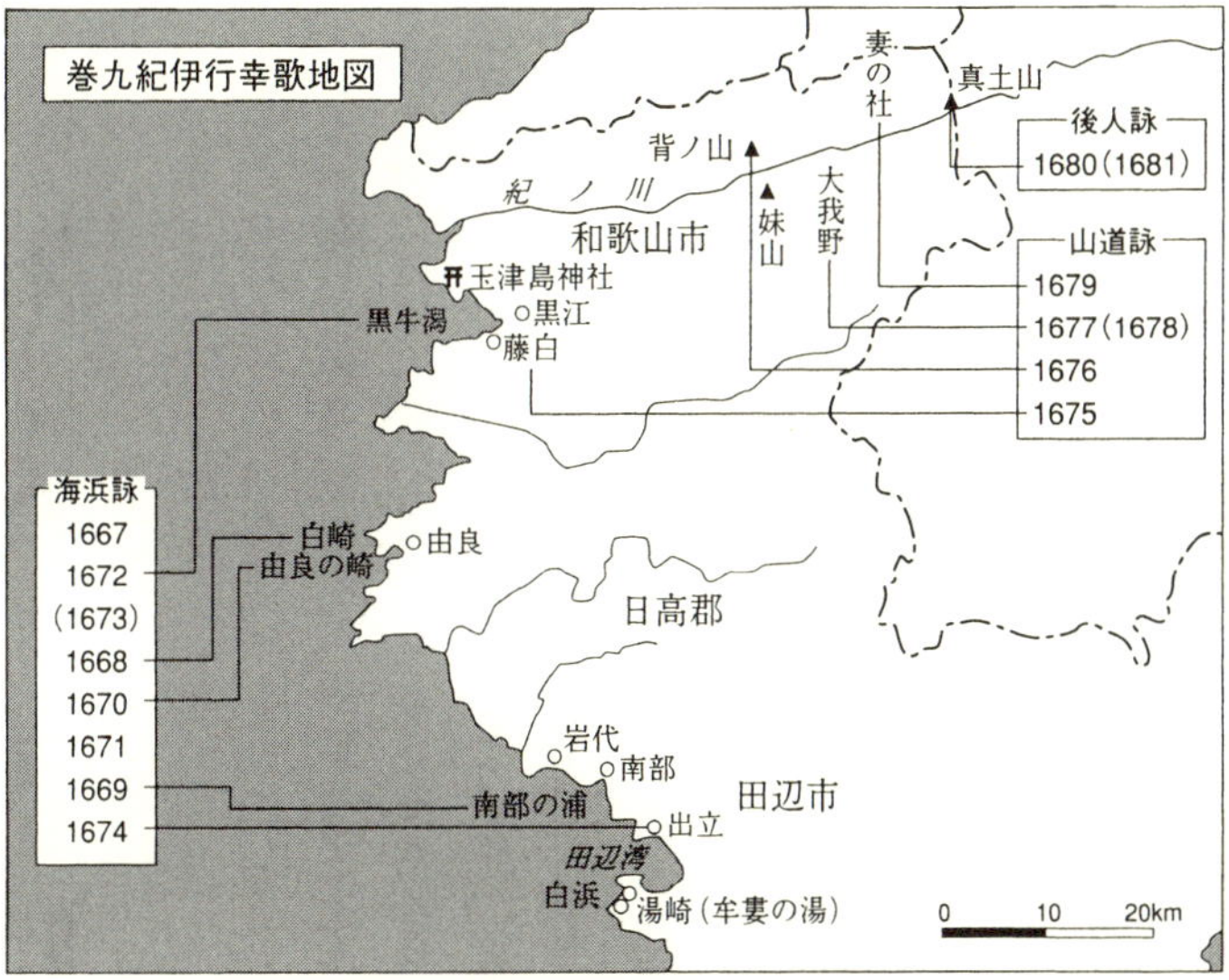

図２　大宝元年紀伊行幸歌地図
（伊藤博『萬葉集釋注』五〈集英社〉39頁より）

ています。

伊藤氏は、大宝元年の持統上皇の紀伊行幸が、武漏滞在と帰路とが十一日間であったのに対し、往路に二十一日をかけた悠長な旅であったのは、海浜の遊覧に日数を費したことに起因したのであろう、と言っておられますが、恐らく、和歌の浦か下津港を出航して田辺湾に至る海浜の名所を訪ね、港々に寄港して、武漏の湯に至り着いたものと思われます。

このように考えて参りますと、巻二に収められた岩代の結び松を見て奥麻呂が哀咽して作った歌二首と人麻呂の歌一首は、この往路で立寄った折の歌であった可能性があります。人麻呂歌集から採られたとされる往路の十三首の配列は、旅の行程順序に必ずしも従っておりませんが、これを三河行幸歌の場合と比較すると、二次的な採録であるだけに、伊藤氏のようにその配列を絶対視することには、少々疑問が残ります。奥麻呂と人麻呂の挽歌についても、元来は巻一所収の三首とともに一括されていたもので、万葉集の編纂過程で各巻に分別して収録されることとなった、と見た方がよいように思われるのです。

この大宝元年の紀伊行幸歌群は、独自にとり上げて論ずべき興味深い問題を豊かに含んだ歌群でありますが、ここではこの辺りで止め、この武漏温湯への行幸が、斉明帝の時も持統上皇の時も往復とも山路と海路をつないだ旅であったという点に特に注目しておきたいと思います。

†陸路と海路をつなぐ旅

私は拙著『地域と王権の古代史学』に収録した旧稿では、持統上皇の遠江行幸について、往路は本坂道、帰路は安礼の崎＝新居から、遠州灘を通り、伊良湖岬を廻って三河湾に入るコースを辿ったと想定していましたが、この考え方は後に再びとり上げますように、決して突飛な空想ではなく、陸路と海路をつなぐ行幸が、八世紀初頭以前の、条里制にもとずくいわゆる官道の整備されるまでは、極く普通の旅行形態であったと考えて差支えないものと考えています。

大化二年（六四六）三月の、いわゆる旧俗廃止の詔の中に、東国の百姓《ひゃくせい》らが三河又は尾張まで馬で上京し、両国で馬を預けて京に向う習慣があり、その間にしばしば紛争が生じたことを伝えていますが、この習慣は三河（東海）・尾張（東山）から京への道は、伊勢湾を船で渡ることが一般的であったことを示しております。

私が持統帝の三河行幸も往路は伊勢湾を渡ったと考えたのも、このことをふまえてのことです。その後の東海道の行程が鉄道路線の開通まで、尾張の宮（熱田）と伊勢の桑名は海上七里の渡《わたし》で結ばれていたのも、この名残と言えるのかも知れません。

3 三河行幸の検証——現地に臨んだ印象的所見

冒頭で申しましたように、今回、私は講演に先立ちまして、「引馬野・安礼の崎」三河説の現地、豊川市御津《みと》町御馬・阿礼の崎一帯に、田島公教授の同道を得まして臨むことが出来ました。また、豊川市史編さん室にもお訪ねし、ご教示とご便宜とを与えられましたことにも、深く感謝したいと思います。

✝三河行宮跡と潟湖地帯

現在、持統上皇在所跡と称する場所は、豊川市御津町御馬（旧宝飯郡御馬村）集落の北東、音羽川が白川と合流する地点、すなわち東海道新幹線の渡河点より凡そ80ｍほど上流の音羽川右岸堤防上に記念碑が造られています。しかし、この場所は、持統上皇の行幸時には恐らく音羽川や白川が流れ込む、潟《かた》あるいは潟湖《せっこ》（ラグーン）であったと思われます。潟湖とは「浅海の一部が、沿岸流などで運ばれた土砂で形成された砂州や砂嘴《さし》などにより、外海から隔離されたところをいう」とされ（浮田典良編『最新地理学用語辞典』大明堂　平成十四年）、その砂州の上にこれから述べる近世の御馬村がのっかっているわけです。

御馬村の西北に河口をもつ御津川は、泙野《なぎの》と御津山の間を溯《さかのぼ》って御津神社の東に至り、広石を抜けて豊沢に至りますが、式内御津神社の鎮座する小丘の北方は小さな谷底平野となっていて、そこには船津の小字が残っています（図3）。ここには、古くは船溜りとしての津があり、御津《みと》の地名は一般的には三津・水戸などで表されるミナト、即ち湊・港に由来するものと思われます。また、大字広石は元来は広磯《ひろいそ》（石は石上神宮の石《いそ》）と考えられていて、この集落がかつては潮のさす磯に臨んでいた時代のあったことを窺わせます。

一方、御馬の北東、音羽川を隔てて下佐脇、そのまた向うに上佐脇の集落がありますが、この佐脇の地名は潮の騒ぎに由

図3　愛知県御津町字図（部分）
（千田稔『埋れた港』〈学生社　1974年〉89頁より）

来すると言われ、音羽川・白川、およびその支流の西古瀬川に囲まれた地区は、古くは風波の立つ地帯だったことを想像させるものがあります。

また、御馬の北西、西方《にしかた》は「もとは西潟と書いた」（『御津町史』本文編）と言われることから、この辺りが潟の西はずれと認識されていた時期のあったことが判明します。この西方の御津南部小学校講堂跡地は弥生時代中期の長床遺跡として知られ、また先に述べた広石の新宮山から明治十一年（一八七八）に発見された「広石銅鐸」は流水紋を有する古式の銅鐸で、弥生中期・大凡《おおよそ》紀元前一、二世紀頃の遺物であります。この他にも、寛文年間（一六六一〜七二）に水戸山（御津山）から掘り出されたという記録のある銅鐸と、昭和六二年（一九八七）に豊沢のみかん山から発見されたという「豊沢銅鐸」が知られておりますが、この後者の二例については、現在その行方は不明であります。

✝御馬湊の成立

これらの事例は、この御津地域が弥生時代中期以来、東三河の津・港として重要な位置を占めていたことを証明しています。そして、海退や土砂による埋没など、自然の変化によって広石の船津としての機能が失なわれてくると、それに代って御馬湊が三河湾に直接開いた港として出現し、寛永十二年（一六三五）に、御城米江戸回港基地として三州五カ湊（大浜・鷲塚・平坂・犬飼・御馬）が定められると、御馬湊はその一つに選ばれ、鷲塚とともに廻船港に指定されて、東三河の天領から上る年貢米の積出港として重要な役割を担うこととなります。そして、御馬村には廻船問屋二軒が置かれ、五港中中位の湊として繁栄することになります（『御津町史』本文編、近世第一章第一節）。

この御馬村廻船問屋の一軒が渡辺久右衛門家であり、享保八年（一七二三）に『統叢考《とうそうこう》』（享保八年［一七二三］自跋、久曾神《きゅうそ》昇《じんひたく》・近藤恒次共編『近世三河地方文献集』愛知県宝飯地方史編纂委員会　一九五九年所収）を著し、引馬野御馬説を立証しようとした渡辺富秋《ふしゅう》は江戸中期に当家の当主であった人物です。書名の統叢とは、持統上皇が臨んだ叢《くさむら》、すなわち引馬野を意味しています。後に『統叢考』が『引馬誌』と書名を改めますのは、漢風を和風に変えたものであります。

では、御馬港はいつ頃成立したのでしょうか。その理由は後に引馬野を論ずる時に述べるとしまして、私の結論をここで申して置きますと、それは十六世紀以降、いわゆる戦国時代のことであった、と考えております。

✝三河行宮は国府か

今日、持統上皇行宮跡として顕彰されております場所が、八世紀初頭の行宮跡として到底認め難いといたしますと、ではどうしてそういう説が立てられたのか、という問題が生じて参ります。この問題については、次章の「引馬野」御馬説を述べる時に取り上げることといたしまして、ここでは、大宝二年（七〇二）の持統上皇一行が約一カ月にわたって滞在した行宮はどこに在ったのか、この問題を考えて見たいと思います。

私は、ズバリ申しまして、この時の行宮は三河国府ないしその周辺の地ではなかったか、と推測しています。律令国家の地方行政組織である国郡制は、大宝元年（七〇一）六月八日、新令＝大宝令によって政治を行うべし、として文書の決裁に必要な新しい印鑑の様《ためし》（見本）の頒布とともに、諸国に使いを派遣したことにより、事実上始まった、と私は考えております。そして、それによって各国で国府、すなわち国司長官（守《かみ》）以下地方官人の常駐する政庁の建設も進んだと考えられるのです。

三河国の国府とされる遺跡は、豊川市白鳥町總社神社の東隣、本坂街道の南側にあって、政庁の正殿・脇殿がコの字形に配置され、塀で区画された掘立柱の建物群が、発掘調査によって確認されております。これらの建物群は、八世紀の第二四半期（七二五〜五〇年）、年号で申しますと、聖武天皇の政治が始まる神亀・天平年間建造のものに始まり、I期からIII期まで約一〇〇年間、建替えられつつ存続したようであります。

ところが注目すべきは、このI期に先行する国庁正殿風の、少し方位を異にする建物群二棟分（SB六〇一・SB七〇四、図4参照）が検出されたことで、これらの建物は七世紀末から八世紀初頭に遡り、三河国府の成立にかかわる建物とされていることです（大橋泰夫「国郡制と地方官衙の成立—国府成立を中心に—」奈良文化財研究所『古代地方行政単位の成立と在地社会』二〇〇九年所収)。考古学の時代判定では、約二五年から三〇年位が一単位となりますから、その範囲内でのさらなる年代の限定や推定は文献その他による判定をまたねばなりません。

　従いまして、このI期正殿に先行する建物群は、大宝元年(七〇一)以降、早い時期に造営された国府正殿で、同二年十月十日の持

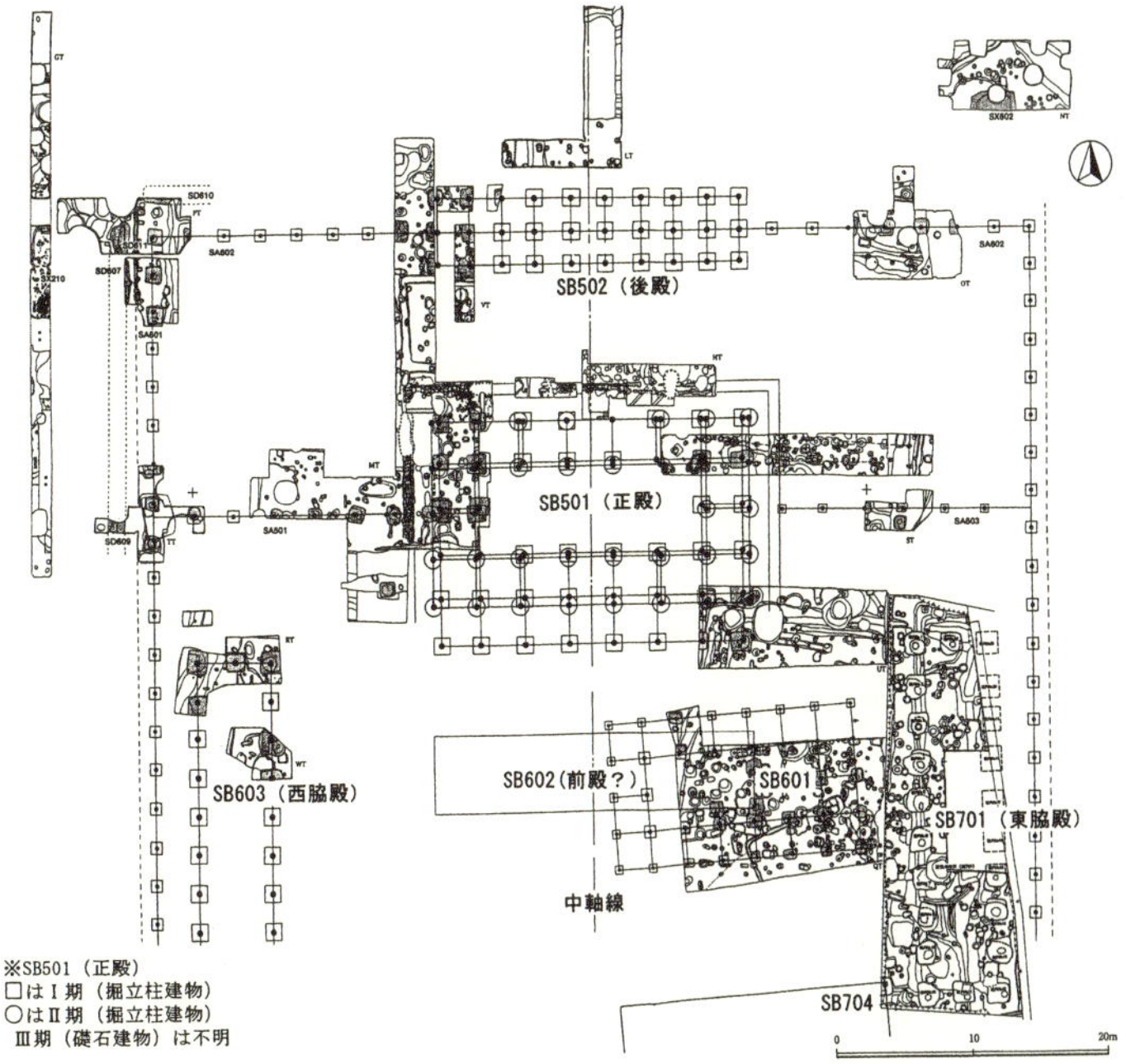

図４　三河国庁跡平面図

(奈良文化財研究所『古代地方行政単位の成立と在地社会』51頁（大橋泰夫論文）より)

統上皇三河行幸時には既に完成していたと推測されるのであります。同年十月十四日には、新令（大宝令）に一年遅れて完成した新律と併せ、「律令を天下の諸国に頒《わか》ち下す」と『続日本紀』は記していますが、これによって名実ともに備った律令国家の成立は、持統太上天皇三河滞在中のことであったのです。

そして、この関連行事がこの三河国府正殿風建物を使って挙行された可能性は決して小さくはないと、私は臆測しております。この持統上皇三河滞在中の四五日間に、東海・東山両道に北陸道を加えた範囲の国司・国造らがこの三河国府に参集した可能性もまた捨て切れない、とも考えております。出発したばかりの三河国府は、記念すべき律令国家成立の舞台となった、と言えるのではないでしょうか。

✝三河国府と大郡

現在は音羽川に合流している白川を遡り、古瀬川との合流地点の少し手前の右岸（西側）に、「大郡」と呼ばれる小字が残っています（図5参照）。ここは宝飯（飫）郡家の所在地と考えられている場所です。「大郡」とは、『日本書紀』に、「難波大郡」・「小郡」（推古紀・孝徳紀）とか、「筑紫大郡」・「小郡」（天武紀）と記されているものに通ずるもので、『日本書紀』では郡の前身に当る評《こおり》はほとんど例外なく「郡」と書き換えられておりますから、これらの大郡・小郡は、七世紀では大評・小評と書かれていたと考えてよいと思います。

大評・小評について私はまだ学術論文を書くには至っていませんが、大評とは七世紀以前の王領の役所で、八世紀以降の郡家《ぐんけ》につながるもの、これに対し小評は、王権が管理する交通施設であり、律令制下の駅家《うまや》につながるもの、という考え方、ないし見通しを持っています。この大郡の東南、宝飫《ほい》（飯）郡度津郷《わたむつ》（小坂井町）の隣接地に渡津《わたむつ》駅家が置かれていたと推定されているところから（金田章裕「三河国」藤岡謙二郎編『古代日本の交通路』Ⅰ　大明堂昭和五三年）、恐らく七世紀末までは大評・小評と呼ばれた王領管理の役所や王権の管理する交通施設があり、それらが七〇一年の大宝令の施行に伴ない宝飫郡家と渡津駅家となったものと思われます。そして、郡家については従来通り「おおごおり」と呼ばれ、やがて評から郡への表記の変化に従い、「大郡」の小字名として定着したのではないかと推察されます。

私は、この宝飫郡家の推定地区が白川に近接して上佐脇に立地している点に注目したいと思います。と申しますのは、白川が、水運の水路として利用されていたのではないかと考えられるからです。恐らく、三河湾から御馬と下佐脇の間の潟に入った船は、この大郡まで遡ることが出来たのではないかと思います。大型船は無理だとしても、小振りの船であれば自由に上下できたものと思います。それは郡家のもつ機能からして、船による物資の搬出・搬入が考えられるからです。

このように考えて参りますと、従来、御津港を「国の津」＝国府津と考え、音羽川を国府

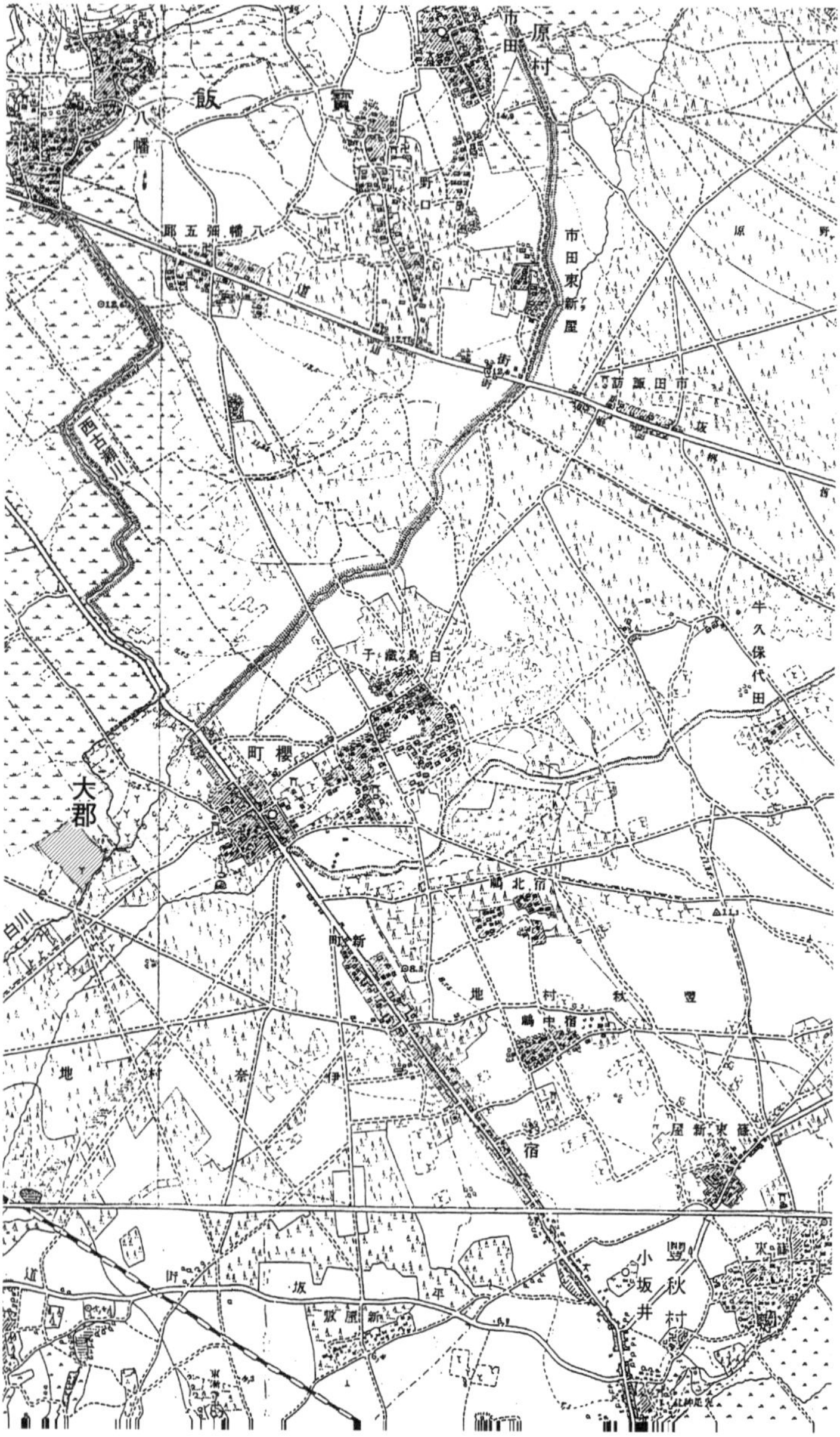

市田
原村
八幡
飯
野口
八幡彌五郎
市田東新屋
牛久保
代田
西古瀬川
白鳥蔵子
櫻町
大郡
白川
宿北嶋
新町
豊秋村地
宿中嶋
伊奈村地
宿
篠東新屋
小坂井
豊秋村
平坂街道
新屋坂

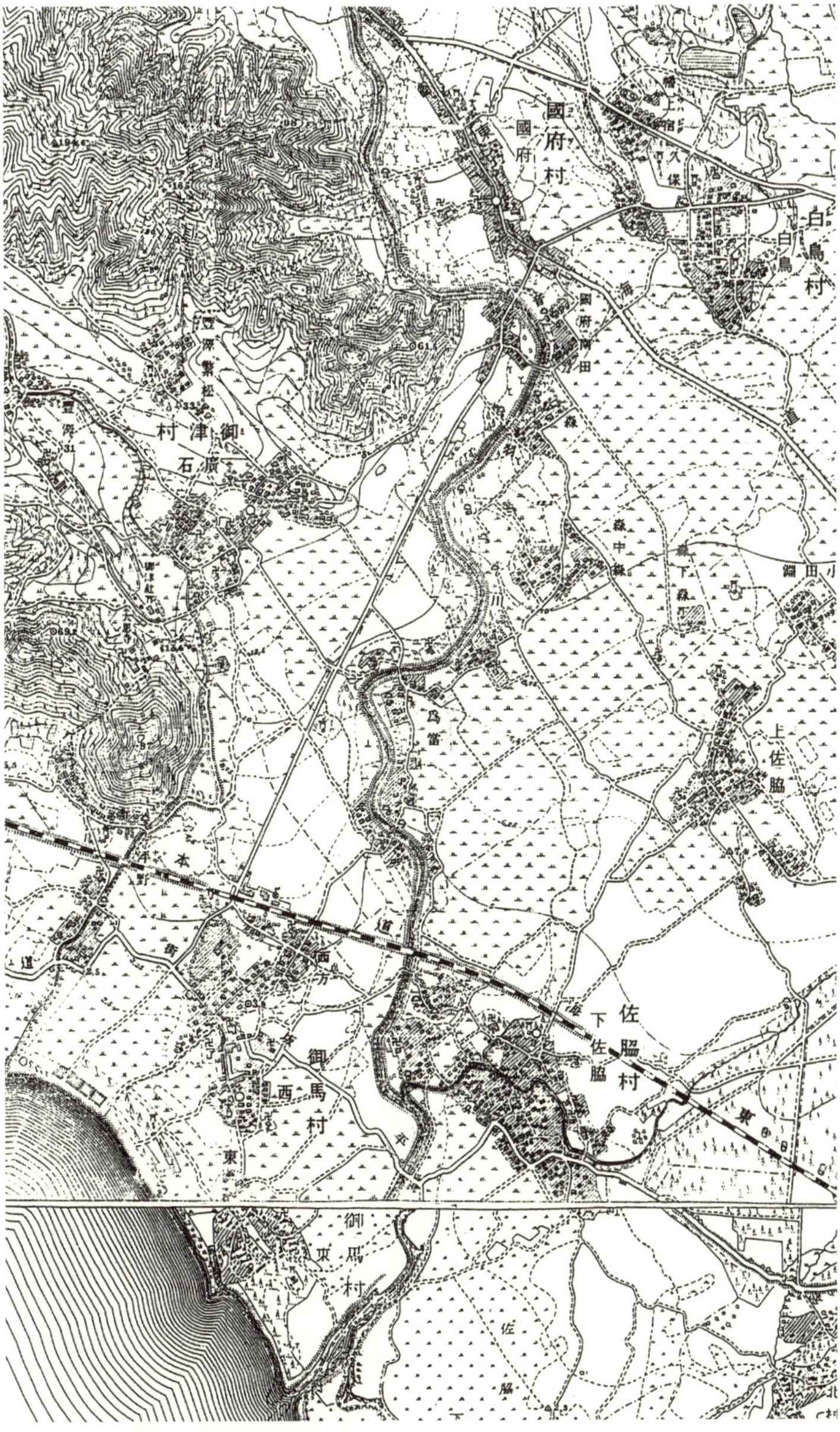

図５　明治26年発行陸地測量部地図
（御油・豊橋二万分の一地形図）〔部分・縮小〕

につづく水運のルートとしてきた考え方に反省をせまるものであります。もちろん、音羽川の水運を否定するものではありませんが、白川とその支流、西古瀬川にそれ以上に注目すべきだと考えるのです。

そこで、明治二六年発行の陸地測量部二万分の一地形図「御油」（図5）を見ますと、字大郡（右頁にゴシックで示した）の北東、白川合流点から上流の西古瀬川は、階段状に屈折して国府の立地する白鳥台地の東方、八幡の台地先端まで続いているのが判ります。この階段状の屈折は、古代の地割制度である条里制の境界線に則ったものであり、自然の流路ではなく、条里制地割に即して人工的に整備されたものと見るべきであります。

また、御油辺りから、国府の町並みの辺りまでは少し乱れがありますが、白鳥の南方から櫻町・小坂井にかけては、三河平野をはすかいに東海道の直線道路が走っております。この直道《すぐみち》は条里制に則ったもので、静岡・清水平野では、同様の直線道路を基準に条里制地割が施行されたことが判明しております。そして、この道路の敷設と条里制との一体的工事は、八世紀の初頭に始まり、天平十二年（七四〇）頃までには、全国の平野部にほぼ満遍なく施行されたと考えられています。条里制は、班田収授制の施行のための土地登記に欠かせない手段・土地管理システムでもあったのです（拙著『地域と王権の古代史学』第三部「伊豆国の古代・中世の交通路」補注、五五七〜八頁。本書、金田章裕「古代三河の国府・条理・交通路」66

頁の図7参照)。

最近私は、この条里制地割に則った水路の整備が八世紀の前半に主要道路の敷設と併行して行なわれ、その規格も道路と同様に六間、約10.8メートルであったらしいことを、静岡県志太平野の藤枝市内の事例から考えるようになりました(拙稿「ここまでわかった古代の藤枝」『藤枝市史研究』一一号 平成二三年[二〇一一])。藤枝市には六間川《ろっけん》の名が残り、また浜松市蒲《かば》神社の南の旧東海道では六間道の名が遺存し、水路と陸路が同一規格であったことを窺わせるのであります。

この豊川市の階段状水路は、しばしば水害を引き起すことから近代に入って改修され、現在はわずかに痕跡を残すのみでありますが、改めて調査の機会を得て、この大郡=郡家と国府とをつなぐ内陸水運の実態を究明してみたいものであります。もちろん、持統上皇の三河行幸時に、この郡家と国府とをつなぐ水路が完成していたとは言い切れませんが、しかし、この時までにすでに工事に着手していた可能性は捨て切れませんし、また改修整備以前の西古瀬川の利用は、少なくとも音羽川と同等、又はそれ以上に考えられて然るべきだと思っています。

4 引馬野・安礼の崎の現地比定と三遠両国の基層

✝引馬野はどこか

引馬野三河説は、渡辺富秋《わたなべふしゆう》『統叢考《とうそうこう》』に始まり、久松潜一《ひさまつせんいち》「引馬野、安礼乃崎考」（同『万葉集考説』昭和十年二月、所収。昭和九年十一月初出）の刊行以来、広く認知されるに至りました。そして今日、賀茂真淵の遠江説に取って代って支配的な説となりつつあることは、久曾神昇《きゆうそじんひたく》「引馬野・安礼乃崎」（同『三河地方と古典文学』一九八九年所収。昭和四二年三月初出）に詳しく述べられています。

久曾神氏は、当地の出身である上に、久松氏の弟子筋にも当り、永らく愛知大学に在職して久松説の継承と深化に努められた学者であります。その久曾神氏が、三河には「引馬という地名は実際には遺存していない」（上掲書六一頁）として、三河説の実証的根拠の薄弱であることを率直に認め、その上で、ヒクマの語源は低沼（ヒキヌマ）の約音であって、御津川河口附近の入江に由来するとし、結論として、三河の引馬野は「新宮山の南、音羽川と御津川の間の地域で、北よりいえば広石（広磯の転音）、西方（西潟の意）、御馬（低沼の意）、を含むと考えられる、」（同上書六四頁）としています。これを現在位置で示せば、JR東海道線御津《みと》駅を中心に、南北約三キロメートル、東西約一キロメートルの範囲で、駅の北方数百メートルの位置に建てられた引馬野碑の辺りが「最も穏当な位置」である（同六五頁）とも言っています（図6参照）。
　しかし、この久曾神説は、三河に引馬の地名が遺存していないことを確認した以上、あくまでも、『万葉集』巻一五七番の歌の題詞に拘って、引馬野を三河国内に限定して求めるとすれば、という仮定の上での推論であり、ヒクマ低沼語源説に至っては、久松氏も採らなかった説であって（前掲書三六三頁）、まさに窮余の一策と言わざるを得ないものであり、引馬野三河説は事実上ここに破綻したと言わざるを得ない、と私は考えます。

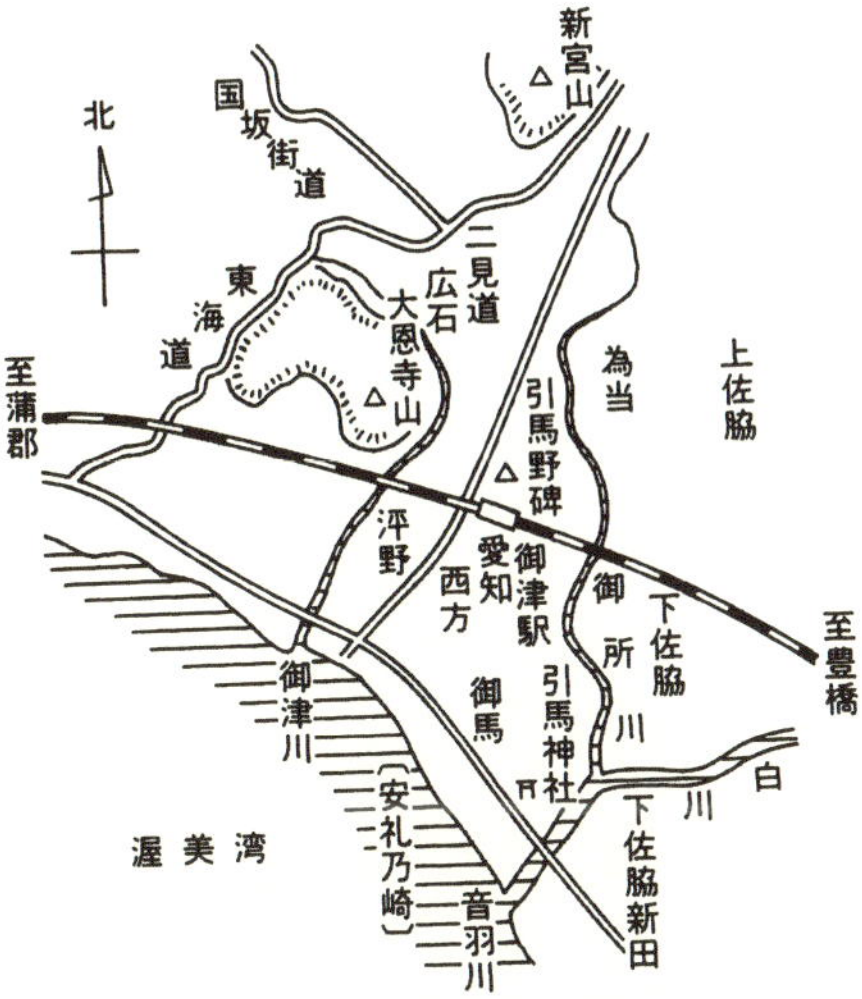

図6　引馬野三河説推定地附近図
（久曾神昇『三河地方と古典文学』66頁より）

　これに対し、賀茂真淵に始まる遠江説の場合、引馬の地名は『吾妻鏡《あづまかがみ》』建長四年（一二五二）三月二五日条に「引間」と見え、また弘安二年（一二七九）〜三年成立とされる『十六夜日記《いざよいにっき》』弘安二年十月二二日条に「こよひはひくまのしゆくといふところにとゞまる。このところのおほかたの名は。はま松とぞいひし。」と見え（『群書類従』第十八輯五一六頁）、ひくま（引間・引馬）の地名は鎌倉時代中期にはその存在が明確に確認できます。また、この記事からは、ひくまの宿は、大名《おおな》、郷名としての浜松に含まれるものであったことも判明します。

　伊場木簡に関連して、すでに早くに竹内理三氏が、「淵評と浜津郷」（同編『伊場木簡の研究』東京堂出版　昭和五六年）で、浜松の古い表記は浜津（伊場木簡・高山寺本『和名抄』）であり、この古称が刊本の和名抄で浜松と改められたのは、好字であるというだけではなく、元来浜馬津《はまつ》と四音三字で表わされる地名ではなかったか、と推論されたのはまさに卓見でありました。つまり、浜津郷という二字表記の郷名は、成立当初からハママツと読み習わし、その意味に漢字を当てるとすれば浜馬津で、浜すなわち海浜の河口部に成立した馬津、馬の集まる湊・港であったことからこの名が付けられたのでありましょう。つまり、陸路と海（水）路のジャンクションだったと考えられるのであります。それ故、浜馬津に至る引馬野は、低沼の野では決してなく、文字通り馬が引かれて通る野であった、と見なければならないと思います。好字を選んで表記された浜津郷が、浜松郷、浜松と表記が変るのは、文字面よりもはまつというその呼名に根強いものがあったからだと思われます。

　また、竹内氏は下総国の松戸（千葉県松戸市）が、旧利根川の渡船場・馬津度《まつど》に由来することを指摘されていますが（竹内前掲論文二二一頁）、麁玉川《あらたまがわ》（現在の天竜川）下流にも渡場があって、そこにはまた、外海に通ずる湊・港があったのではないか、と推測されるのです。今、その場所をここと特定することはできませんが、そこはまさに陸路と水路のジャンクションとして機能しており、それがそのまゝ郷名、地域名として広く使われるようになった、と考えられるのです。

恐らく、引馬野に遊んだ持統天皇一行は、この浜馬津《はまつ》から船に乗り、三河の行宮に帰るべく、三河湾に向って帰路の途についたものと思われるのであります。

✝安礼の崎について

安礼の崎について、賀茂真淵の遠江国説では、とくにその場所を特定せず、安礼をアライと読んで遠江国浜名郡新居に比定する説は、近年になってからのことです。その主唱者は夏目隆文氏であります（同『万葉集の歴史地理的研究』法藏館　昭和五二年）。私も、これまでこの説を採用し、それに基づいて論述してきたのでありますが、しかし、今回現地に臨み、その直観的印象と観察を基に自説を点検した結果、その誤認に気付き、やはり安礼の崎は御津町御馬の引馬神社附近の音羽川河口右岸地帯とするのが妥当であると考えるに至りました。

その理由の第一は、安礼の崎の安礼は、かの『古事記』撰述に関わった舎人稗田阿礼のアレに通じ、西宮一民氏が、新潮日本古典集成本『古事記』（昭和五四年初版）の解説で明快に指摘したように（二八八頁）、養老五年（七二一）の「下総国葛餝郡大島郷戸籍」に見える

「礼王部荒、年貮拾肆歳、正丁」（『寧楽遺文』上　一九頁）と同名であって、この名が男子名であることは、荒の妹に「荒賣、年貮拾壹歳、丁女」がいて、男女の区別は明瞭です。この安礼・阿礼はともに荒天・荒地の荒に通ずる言葉で、人名としては勇猛さや丈夫さを表すものであり、神名の須佐之男命《すさのおのみこと》のスサは荒《すさ》ぶに通ずると考えます。女性の場合は、健康的丈夫さや健《けな》げさを願ったものであり、地名として用いられる時は荒地さすと解されます。

第二は、御津町には御津川の左岸、大恩寺山の南に汧野《なぎの》と呼ばれる地名があり、これらが、御津川と音羽川に挟まれた浜堤のほぼ南北に位置し、波静かな汧野と風波にさらされる荒地という対称的な地区であることから名付けられた地名であると判断したからであります。その後、さきに掲げました久曾神昇氏の論考に接し、久松潜一氏が立論に使われた、延享二年（一七四六）「三河国宝飯郡〈馬村下佐脇村〉論所之《（立カ）》会絵図（写）」に「安礼乃崎」（但し、原図にはなく、後筆との由である。久松前掲『万葉集考説』三六三頁）と書き入れられている辺りの「幅一〇〇メートル、長さ一キロほどの州崎を、この地方の古老たちは安礼乃崎と呼んでい」（久曾神前掲『三河地方と古典文学』六六頁）たことを知り、この辺りを安礼の崎すなわち荒地の州崎とみるべきことに改めて得心したのであります。

第三には、これはすでに述べたことでありますが、高市連黒人の羇旅歌八首の中に見える棚無し小船（二七二番歌）との関連性であります。やはり、この点は三河湾の風俗として看過できない共通性と見做すべきもの、と考えたわけであります。
以上の諸点から、安礼の崎は三河の音羽川河口部右岸、御馬村が立地する浜堤の南端辺りの「安礼乃崎」伝承地とみてまず誤りあるまいと、これまでの認識を改めたわけであります。

このように考えて参りますと、この五八番歌上の句が、「いづくかに船泊てすらん安礼の崎」と歌い上げている点は、きわめてリアルに持統上皇の言辞を活写し、表現したものであることが理解できるように思います。すなわち、おそらく夕刻時分に三河の行宮に帰り着いた上皇の、つい先程安礼の崎ですれちがった棚無し小船に寄せてふともらした言辞が、黒人によってあざやかに歌い取られている、と解されるからであります。

上皇一行は、深夜か早朝に、遠江国浜名郡の浜津《はままつ》の湊を出航し、遠州灘を西に取り、渥美半島の伊良湖岬を廻って三河湾に入り、安礼の崎を通過して、午後の夕暮れ近くに三河行宮に帰り着いたのではないでしょうか。そして、上皇一行の船旅を支えた船人集団は、三河の渥美半島を本居とする海人集団、安曇族であったと私は推測しているのであります。

なお、最後に一言付け加えますと、前掲久曾神論文によれば、久松潜一氏が論文で使用した延享三年古図の原本は、「今も御馬および下佐脇に各一舗、同じ地図が現存し、それには『三河国宝飯郡御馬村下佐脇村論所立合絵図』とある」とのことです。また、御馬神社には関連する「数通の古文書」も所蔵されていると記されています（久曾神前掲『三河地方と古典文化』六五～六六頁）。私は、これらについて未見のため、久曾神氏の現地比定やその記述には隔靴掻痒の感があり、一読了解とは参りませんでした。近い将来、これらの原図や古文書が紹介され、それらを使った考察や古地形の復元案の提示が望まれるように思われます。

三遠地域の一体性と三河・遠江両国の成立

引馬野が遠江の引馬野、現在の浜松市馬込川中流域から下流にかけての右岸地帯、曳馬の辺りだとしますと、なぜ持統上皇は三河の行宮から隣国の遠江まで足を延ばしたのだろうか、という問題が生じます。

この点について旧稿では、伊場遺跡出土の乙酉《いつゆう》年木簡（八四号。乙酉《きのととり》年は天武十四年＝六八五）に見える「私部之政負故沽支」（私部《きさいべ》の政《まつりごと》を負う故に沽《うり》き）とある私部に注目し、これを敏達六年（五七七）二月に設置された皇后豊御食炊屋姫《とよみけかしきやひめ》（後の推古天皇）のために置かれた皇后領であり、この私部が渕評《ふちのこほり》内にも置かれていたと考えられること、また、これに関連して同じく皇后領として、開化天皇の皇孫で、垂仁天皇の皇后狭穂姫《さほひめ》のために祖父開化天皇の名を取って設置された若倭部《わかやまとべ》が伊場木簡に姓として多数見える他、その中心的居住地だったと目される浜松市東区笠井（引馬野の一部でもあります）に、式内若倭神社（春日神社と相殿）のあることなどから、持統上皇が継承したこれら皇后領を中心として、「東《あずま》の舎人《とねり》」

（天皇の親衛隊）との信頼と絆とを強化すべく、この西遠江の地に臨んだのだろう、と考えたのです（拙著『地域と王権の古代史学』塙書房　二〇〇二年、二二三頁〜二二九頁）。

ところが近年、この乙酉年木簡の釈文の改訂があり、私たちが『静岡県史』の編纂をしていた時に解読した釈文「私部之政」は「種々之政」と訂正されることになりました（『伊場遺跡総括編（文字資料・時代別総括）』浜松市教育委員会　二〇〇八年）。そこで私は資料提供を受け、改めて検討した結果、新たに木簡の保存処理をした上で、高性能の赤外線テレビカメラ装置を使って「私」を「種」と訂正した読解の結果には異論はなく、これを認めるのに吝《やぶさ》かではありません。しかし、続く一字を踊り字の「々」とすることには疑念が残り、旧釈文の「部」の略体「了」でよいのではないかと考えています。

種は一字で「くさぐさ」とも読み、万葉集や祝詞《のりと》で使われています（『時代別国語大辞典上代編』三省堂　一九六七年）。そこでここは「種部之政」を、くさぐさの部の政《マツリゴト》と読み下し、天智三年（六六四）の甲子の宣、天武四年（六七五）の部曲の廃止と部民制の解体は進んだが、政＝タテマツリゴト（奉事・奉仕、税や力役等の貢納負担義務）は持統三年（六八九）の浄御原令施行までは旧来の税体系を大筋で維持していた、という段階の文章表現なのではないか、と考えています。なお、一言付け加えますと、この乙酉年木簡は牘《とく》又は方版と呼ばれる長方形の木簡形式で、文例を示すために文書を写し取ったものと見られます（拙稿「木

表　大嘗会供奉国一覧

	年次	悠紀国	主基国	出典
1	天武二年（六七三）	播磨（近）	丹波（近）	日本書紀
2	持統五年（六九一）	播磨（近）	因幡（近）	同右
3	文武二年（六九八）	尾張（近）	美濃（近）	続日本紀
4	和銅元年（七〇八）	遠江（中）	但馬（近）	同右
5	霊亀二年（七一六）	遠江（中）	但馬（近）	同右
6	神亀元年（七二四）	備前（近）	播磨（近）	同右
7	勝宝元年（七四九）	因幡（近）	美濃（近）	同右
8	宝字二年（七五八）	丹波（近）	播磨（近）	同右
9	神護元年（七六五）	美濃（近）	越前（中）	同右
10	宝亀二年（七七一）	参河（近）	因幡（近）	同右
11	天応元年（七八一）	越前（中）	備前（近）	同右

1～4は悠紀・主基の区別不明。（近）・（中）は令制下の近国・中国の区分を示す。

拙著『地域と王権の古代史学』
（塙書房　2002年　235頁）

簡と墨書土器」岩波講座『日本通史』古代4、岩波書店　一九九五年）。

次にもうひとつ大和王権にとって遠江国が非常に大切な国の一つであったことを示す事例をあげますと、遠江国は当時王宮の置かれた大和からみて中国（律令制で都からの行程の長短、所要日数によって国を遠・中・近の各国に分類したうちの一つ）という比較的遠い距離にあったにも拘らず、天皇即位後に必ず行なわれる一世一度の践祚《せんそ》大嘗祭《だいじょうさい》の供奉国（大嘗祭の神事で用いる新穀・酒料を奉る国のことで、第一の国を悠紀《ゆき》国といい、第二の国を主基《すき》国という）として、元明天皇の和銅二年（七〇八）、元正天皇の霊亀二年（七一六）と、二度にわたって但馬国とともに奉仕しているという大変興味深い事実があります（表）。

中国でこの大役を担ったのは、他には奈良時代の末に越前国があるだけですが、越前は藤原氏に縁の深い国であるとともに、継体天皇ゆかりの地でもあります。遠江が七世紀末から八世紀初頭の女帝たちにとって頼みの国とされたのには、やはり王権と歴史的に深い因縁があったからだと考えざるを得ないのであります。

こうした大和王権と三河・遠江という問題を解くためには、一筋縄ではゆかない、多面的な考察《アプローチ》を必要とするのですが、この問題の根底に横たわる、歴史的に見れば始源的・基層的な問題として、いわゆる三遠式銅鐸《さんえんしきどうたく》の分布圏という問題があるのではないか、とかねがね私は考えているのであります。

銅鐸は、いわゆる弥生時代を代表する青銅器の一つで、三遠式銅鐸と呼ばれる一形式は、三河・遠江地域を中心に、尾張・美濃・信濃および近江の一部などに分布し、近畿を中心に四国から東海まで広く分布する近畿式銅鐸とともに、銅鐸時代の最後を飾る新段階（Ⅳ式、突線鈕式）の形式の一つとされています。その実年代は西暦一、二世紀と推定され、三遠式銅鐸は近畿式よりも若干早く姿を消しますが、この三遠式の特徴を取り入れて近畿式最後の銅鐸が作られたとも言われています（佐原真『祭りのカネ銅鐸』歴史発掘8、講談社　一九九六年）。ということは、この新段階の銅鐸は大和王権の出現期（記紀によれば、神武〜開化頃）と重なり、まさに古墳出現前夜、すなわち崇神朝（三世紀中頃、古事記の伝える崇神天皇の没年戊寅年は二五八年）の直前の時代を象徴する青銅器の一形式ということができると思います。

この三遠式銅鐸の主たる分布は今日までのところ、一部天竜川下流左岸の旧磐田郡豊岡村敷地西の谷地区（現磐田市）を含めて、天竜川の右岸から三河にかけてが、その主たる分布範囲です。形式名称は三・遠の順序で呼び慣らわされてはいますが、その濃密な出土地は三河よりも遠江西部の、引佐細江を臨むいわゆる銅鐸の谷のある奥浜名地域にあります。この現状から考える限り、三遠式銅鐸文化の中心の一つが遠江の奥浜名・引佐細江地域にあった、と言えそうであります。そして、この辺りを一つの中心として、一、二世紀には遠江・三河は一体的な性格をもつ地域として結合し、大きくは近畿圏に包摂されていたとしても、相対的に独自性をもつ地域であった可能性を示唆しているように思われます（図7）。

そして、尾張を含め、三河・遠江・美濃・信濃（中南信）は、四世紀中頃までには成立するいわゆる国造制下では物部《もののべ》氏族の勢力圏であり、またこれと結合した賀茂氏族の居住地が重なり、『日本書紀』・『古事記』が伝える初期の王権と物部・賀茂両氏族の結合関係とよく符合しています。私は、三遠式銅鐸文化は、古墳出現前夜の大和王権と、これを主として支えた物部・賀茂両氏族の三遠地域での活動と深い関係があるのではないか、と推測しています。そしてその基盤の上に、大和王権の東方へのとば口として、三河・美濃・尾張の地政的位置が定まってくるのだ、と考えられるのです。

こうした三遠式銅鐸文化に象徴される西遠・三河地域の一体性を基底として、大宝律令の

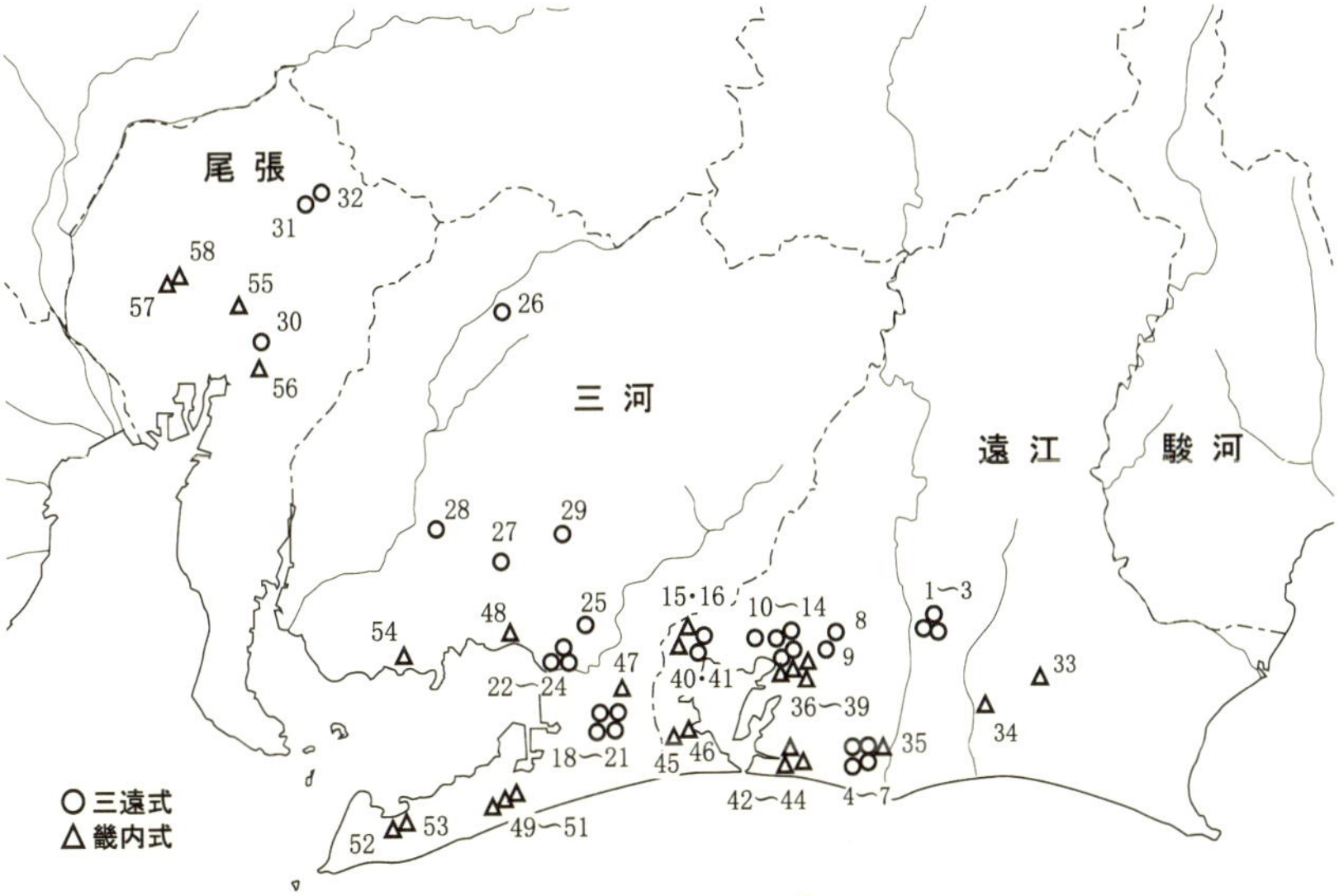

番号	名称・遺跡名	出土地	形式	備考
1	敷地1号	遠江(磐田市)	三遠式	
2	敷地2号	遠江(磐田市)	三遠式	
3	敷地3号	遠江(磐田市)	三遠式	
4	ツツミドオリ1号	遠江(浜松市)	三遠式	
5	ツツミドオリ2号	遠江(浜松市)	三遠式?	行方不明
6	木船1号	遠江(浜松市)	三遠式	
7	木船2号	遠江(浜松市)	三遠式	
8	前原1号	遠江(浜松市)	三遠式	
9	三方原	遠江(浜松市)	三遠式	絵図のみ現存
10	悪ヶ谷	遠江(浜松市)	三遠式	(銅鐸の谷)
11	滝峯七曲り2号	遠江(浜松市)	三遠式	(銅鐸の谷)
12	船渡1号	遠江(浜松市)	三遠式	
13	船渡2号	遠江(浜松市)	三遠式	
14	小野	遠江(浜松市)	三遠式	
15	荒神山1号	遠江(浜松市)	三遠式	
16	荒神山2号	遠江(浜松市)	三遠式	
17	ギメー博	伝遠江	三遠式	
18	伝豊橋市近傍Ⅰ	三河(伝豊橋市)	三遠式	
19	伝豊橋市近傍Ⅱ	三河(伝豊橋市)	三遠式	
20	伝豊橋市近傍Ⅲ	三河(伝豊橋市)	三遠式	
21	伝豊橋市近傍Ⅳ	三河(伝豊橋市)	三遠式	
22	伊奈Ⅰ	三河(小坂井町)	三遠式	
23	伊奈Ⅱ	三河(小坂井町)	三遠式	
24	伊奈Ⅲ	三河(小坂井町)	三遠式	
25	平尾(源祖)	三河(豊川市)	三遠式	
26	手呂	三河(豊田市)	三遠式	
27	宝蔵寺Ⅰ	三河(伝岡崎市)	三遠式	
28	伝洞	三河(岡崎市)	三遠式	伝承・記録上
29	宮崎Ⅰ	三河(額田町)	三遠式?	伝承・記録上
30	中根(軍水町)	尾張(名古屋市)	三遠式	
31	神領Ⅰ	尾張(春日井市)	三遠式	
32	神領Ⅱ	尾張(春日井市)	三遠式	伝承・記録上

番号	名称・遺跡名	出土地	形式	備考
33	長谷	遠江(掛川市)	近畿式	絵図のみ現存
34	掛ノ上	遠江(袋井市)	近畿式	
35	松東	遠江(浜松市)	近畿式	
36	滝峯七曲り1号	遠江(浜松市)	近畿式	(銅鐸の谷)
37	不動平	遠江(浜松市)	近畿式	(銅鐸の谷)
38	滝峯才四郎谷	遠江(浜松市)	近畿式	(銅鐸の谷)
39	穴ノ谷	遠江(浜松市)	近畿式	(銅鐸の谷)
40	釣山田	遠江(浜松市)	近畿式	
41	猪久保	遠江(浜松市)	近畿式	
42	梶子	遠江(浜松市)	近畿式	飾耳
43	浜松南方海岸1	遠江(浜松市)	近畿式	飾耳
44	浜松南方海岸2	遠江(浜松市)	近畿式	飾耳
45	白須賀1号	遠江(湖西市)	近畿式	紐のみ現存
46	白須賀2号	遠江(湖西市)	近畿式?	行方不明
47	西側	三河(豊橋市)	近畿式	
48	豊沢	三河(御津町)	近畿式	
49	堀山田Ⅰ	三河(田原町)	近畿式	
50	堀山田Ⅱ	三河(田原町)	近畿式	飾耳
51	谷ノ口Ⅰ	三河(田原町)	近畿式	伝承・記録上
52	椛Ⅰ	三河(渥美町)	近畿式	破片
53	椛Ⅱ	三河(渥美町)	近畿式	破片
54	安泰寺山	三河(幡豆町)	近畿式?	伝承・記録上
55	伝名古屋城濠	尾張(名古屋市)	近畿式	
56	見晴台	尾張(名古屋市)	近畿式	飾耳
57	朝日Ⅰ	尾張(清洲町)	近畿式	飾耳
58	朝日Ⅱ	尾張(清洲町)	近畿式	飾耳
59	伝鳴海海底	尾張	近畿式	

注:本図表は『西の谷遺跡』(静岡県埋蔵文化財調査研究所調査報告　第217集)2010、第56図・第9表、及び『愛知県史』資料編2「考古2　弥生」2003、図2・表1に依拠して作成した。

(原秀三郎・菊池吉修　作成)

図7　尾張・三河・遠江　三国の三遠式・近畿式銅鐸分布図

成立と施行を画期とする、七世紀後半から八世紀初頭にかけての律令国家の形成期、すなわち古典的文明化の時期に、三河国と遠江国とが成立し、その後のこの地域の歴史的展開を今日に至るまで陰に陽に規定してきたわけであります。

律令制（以下、令制という）的国郡制下の三河国と遠江国の境界は、浜名湖と豊川平野の間では、赤石山脈に連なる山塊の南端、弓張山脈と八名《やな》山地、湖西連峰などと呼ばれる標高四五〇〜三二〇メートルの比較的低い山並みの山頂を繋げて設定されています。この国境はいつ設定されたものでしょうか。

令制に連なる国境の設定は、天武十三年（六八三）十二月に始まり、同十四年十月に至るいわゆる天武朝の国境確定事業によって定まる、とするのが定説であります。しかし、翌朱鳥元年（六八六）年九月には、天武天皇は死去いたしますから、この事業はそこで一旦中断し、積み残しも生じたと見なければならないと思います。近年、飛鳥藤原地区から七世紀後半の国名を記した荷札木簡がたくさん出土するようになりました。その中で、三川国と書かれた事例は、庚寅年（持統四年＝六九〇）と推定される「三川国鴨評山田里物部□□□〔万麻呂カ〕」(46)（番号は奈良文化財研究所編『評制下荷札木簡集成』東京大学出版会　二〇〇六年による。引用は抄出し、一部表記を改めた。以下同じ）と書かれた付札があります。この他、朱鳥《しゅちょう》《あかみとり》元年（六八六）頃まで遡ることのできる「三川国青見評大市部五十戸人／大市部逆米六斗」(37)

（／以下は裏面を示す）と記されたものもあり、三川の国名は天武朝末年まで遡ることは確実です。

三川の国名は御川＝矢作川に由来し、三野国が御野国と書かれたことと対《つい》をなすとする考え方からすれば、乙丑年《きのとうし》（天智四年＝六五五）の年紀をもつ木簡に「三野国ム下評／大山五十戸造ム下部知ツ」（102）とあることを考慮しますと、王領の地と結びついた敬称・美称で呼ばれる令制に連なる国名の成立は、比較的早く、天智朝に成立していた可能性があります。

他方、遠江国の場合はどうか、と申しますと、飛鳥京苑地遺構から「遠水海国長田評五十戸／匹□《〔沼カ〕》五十戸」（62）、飛鳥宮跡北辺地区からは「□□《〔海カ〕》国長田評鴨里鴨部弟伊／同佐除里土師部得末呂」（63）と、後の遠江国に繋がる国名表記のある荷札木簡が出土しています。前者（62）は評里を五十戸で表す天智朝から天武十年（六八一）頃までの表記をとり、また後者（63）の評里表記は天武十三年（六八三）以降のものと見ることができます（市大樹『飛鳥藤原木簡の研究』塙書房　二〇一〇年、四四頁表4「紀年銘木簡からみたサト表記」参照）。後者（63）の「□□《〔海カ〕》国」の第一字は「遠」とはしがたい、とのことですので、この二点の木簡からみる限り、七世紀後半の天武・持統朝では遠江の表記はなお定まっていなかったようであります。

また、後者（63）の長田評鴨里・同佐除里の現地比定は、これまでのところ不詳とされていますが、私見では鴨里は、磐田市見付に加茂川があるところから、この見付辺りから旧豊田町加茂（現・磐田市）にかけての天竜川左岸地帯、また佐除里は、除は余と同字で、漢音・呉音ともヨの字音もあることから（尾崎雄二郎他編『角川大字源』角川書店、一九九二年）、サヨのサトであって、小夜の中山にその名が残り、掛川市東方の山口から日坂にかけてではないかと推定しています。小夜の中山夜泣石で知られる久延寺《きゅうえんじ》の辺りには日坂字佐《さ》夜鹿《よしか》の地名が残っています。

長田評は令制下では長田郡となり、和銅二年（七〇九）に長上・長下の両郡に分割されますが（『続日本紀』和銅二年二月丁未条）、長田評は天竜川の下流域から東方の小笠山丘陵の内懐に至る、海岸線に沿って東西に延びた長大な評であったと考えられます。なお、当時の海岸線は今日とは大きく異なり、複雑に内陸に入り込んだ形状を示していたと推測しています。今後、この地域の古代の海岸線の復原が課題であります。

少々横道にそれましたが、以上要するに、三河国と遠水海《とおつあわうみ》国、つまり後の遠江国との成立は、現在知られている限りでは、天武朝初年から中頃まで遡ると推定されます。しかし、その国境が令制下の国境、更には現在の県境と同じであったのか、どうかは判りません。私は、参河国造の治所（本処）がどこに在ったたか、まだ突き止めるに至っていませんが、「国造本紀」によると成務朝（四世紀中頃）に「知波夜命《ちはやのみこと》を以て国造に定めた」とあります。湖《こ》西《さい》窯で知られる静岡県湖西市には大知波《おおちば》・知波田《ちばた》の地名があり、豊橋市に通ずる大知波峠の山頂付近の東斜面には、国史跡大知波峠廃寺跡（元の寺名は不詳。後藤建一『大知波峠廃寺跡』　同成社　二〇〇七年）があります。

地名の知波田・大知波の知波は、初代参河国造知波夜命に由来するものではないか、と考えています。知波はまた千葉にも通じ、下総国千葉郡千葉郷は同郡内に山家・山梨・物部の各郷があり（『和名抄』）、知波夜命との関連性が推察され、千葉県内で多量に出土する七世紀から八世紀にかけての湖西窯産須恵器は、遠江と下総との関係を証拠立てる物証の一つと言ってよいと思っています。更に静岡県内では千葉山智満寺《ちまんじ》のある島田市大津谷川源流の大字千葉もやはり知波夜命に由来する地名と見られ、これらはいずれも五世紀以降の須恵器の生産と流通で結び合わされていると考えています。

湖西市の大知波・知波田が参河国造とどういう関係にあったのか。因に参河国造知波夜命は「国造本紀」では、物部連の祖、出雲色大臣命《いずもしこのおおおみのみこと》の五世の孫、とあり、また『新撰姓氏《しんせんしょうじ》録《ろく》』では、知波夜命は、神饒速日命《かんにぎはやひのみこと》十一世紀孫、千速見命《ちはやみのみこと》、と見え、物部系の氏族であります。知速夜命と知波・千葉に関わる問題はなお今後の課題ですが、三遠の本源的一体性を考える上では看過できない問題ではないか、とひそかに考えている次第であります。

最後に本題に立ち戻って一言申し上げますと、今回、私がとりあげました持統上皇の引馬野行幸歌の背景には、三遠地域の特質に関わる非常に興味深い歴史が隠されているのだ、ということの一端をご理解いただけたならば、幸いこれに過ぐるものはないと思う次第であります。

※付記

昨年十二月の初旬、「3　三河行幸の検証―現地に臨んだ印象的所見」の小節「三河国府と大郡」を書き終えたところで、実は身内に不慮の事態が突如発生し、その対応に追われたため、執筆を中断せざるを得ない羽目に陥りました。一旦は、編者田島公氏と相談の上、小論の本書掲載の取止めも考えましたが、編者の温情により、未完成のまま、この付記を加えることで収録、刊行して頂けることになりました。これに応えるべく、最終章に書く予定で構想していた結論的な部分の概要を、とり急ぎ「4　引馬野・安礼の崎の現地比定と三遠両国の基層」としてここに要約・摘記し、その責めを塞ぐこととといたしました。甚だ整わない文章となりましたが、大方の御容赦、御寛恕を請う次第であります。（平成二四年一月二九日記）。

西尾市岩瀬文庫について

岩瀬弥助《いわせやすけ》と岩瀬文庫

西尾市は、愛知県西三河《にしみかわ》南部に位置し、北に矢作《やはぎ》川、南に三河湾を望み、豊かな自然と温暖な気候に恵まれた人口十七万人の町です。中心の西尾市街は、江戸時代には幕府要職を務めた譜代大名の大給《おぎゅう》松平氏六万石の城下町として栄え、名産品には地域ブランドに認定された「西尾の抹茶《まっちゃ》」や「一色《いっしき》産うなぎ」、えびせんべい、カーネーションなどとさまざまありますが、それらと並んで西尾の自慢の一つが西尾市岩瀬文庫です。

岩瀬文庫は、明治四十一年（一九〇八）五月六日に地元須田町《すだちょう》の実業家・岩瀬弥助《いわせやすけ》（一八六七～一九三〇）によって創設されました。弥助はもと西尾藩御用達《ごようたし》の山本屋の当主で、一代で莫大《ばくだい》な財を築くとともに鉄道の敷設や学校、病院建設のための援助を行うなど、社会事業や教育にも強い関心を寄せました。当時、全国的に図書館設立の機運が高まっていましたが、西尾町には公立図書館を作る財力がなく、弥助自身も相当の読書家であったことから、私財を投じ、「私立図書館岩瀬文庫」を設立しました。

当時、弥助が町の産土神《うぶすなかみ》である伊文《いぶん》神社に奉納した石燈籠《いしどうろう》に文庫建設の決意が刻まれています。「余、嘗《かつ》て一小文庫を設立し、之《これ》を身にも人にも施《ほどこ》し、且《か》つ之を不朽《ふきゅう》に伝えんと欲す…」。集めた書物は自分だけで楽しむのではなく、広く一般にも公開し、また未来永劫伝えよう、という文庫の公開図書館としての基本理念が語られています。

全国の書店や古書店から蒐集《しゅうしゅう》した蔵書は八万冊余りに上り、国の重要文化財「後奈良天《ごならてん》皇宸翰般若心経《のうしんかんはんにゃしんぎょう》」を始め、その殆どが江戸時代以前の古典籍《こてんせき》です。当初から図書館を目的としたため、幅広い分野の良書が集められ、堅牢《けんろう》なレンガ造りの書庫（現在は国の登録有形文化財）に収められました。選書や目録の作成は文庫主《ぶんこしゅ》である弥助自身が行いました。倹約家で知られた弥助でしたが、本の購入費は惜しまず、公家・柳原家《やなぎわらけ》の旧蔵書約二千冊、京都の本草家《ほんぞうか》・山本亡羊《ぼうよう》の平安読書室《へいあんどくしょしつ》旧蔵書千冊余りといった名家旧蔵のコレクションを一括で買い入れたり、五山版《ござんばん》、奈良絵本《ならえほん》、絵図、韓本《かんぽん》、唐本《とうほん》などの貴覯《きこう》本を積極的に購入しました。

創立者　岩瀬弥助

旧書庫（国登録有形文化財）

また、いわゆる骨董的《こっとうてき》価値のある本ばかりではなく、後世では知る人ぞ知る学者の著作や、珍奇な事件を記録した写本、広く出版されて庶民が好んだ娯楽書や実用書の類など、まるで江戸時代の豊かな書物文化の広がりをそのまま映し出すような多彩な蔵書が並んでいます。

新刊本ばかりではなく古典籍を重視したのは、近代化の波の中で消えつつある日本の文化や歴史を、書物によって後世へ伝えたいという弥助の願いがあったからだと思われます。同様の思いは、当時の西尾の町づくりの中心であった商人達や、西尾藩時代の記録の散逸《さんいつ》を憂える旧藩士、地方教育に力を注ぐ文化人らにも共通のもので、彼らは岩瀬文庫へ蔵書や自著を寄贈したり、貴重な資料が発見されればその写本を作って提供するなどの協力を行いました。これらの蔵書は、全国から訪れる研究者から地元の女学生まで、あらゆる人に無償で公開されました。

弥助の没後も岩瀬文庫は財団法人となり、公開図書館としての活動を続けましたが、第二次大戦や昭和十九年（一九四四）の東南海地震、二十年の三河地震によって経済的苦境に陥《おちい》り、一時は県への蔵書の売却計画が進みました。しかし、これを知った市民の間で保存運動が起こり、蔵書は市が一括購入し、土地と建物は岩瀬家が市へ寄贈するという形で、三十年四月に「西尾市立図書館岩瀬文庫」として再出発を果たしました。

さらに平成十五年（二〇〇三）四月には蔵書の文化財的価値をより活《い》かすため、「古書の博物館」として新館が建てられました。岩瀬弥助という一人の市民によって作られた文庫は、市民の支えによって苦境を乗り越え、百年余を経た現在も設立当初と同じ場所に存続しています。

財団法人時代の岩瀬文庫

財団法人時代の閲覧室

日本初の古書ミュージアム

「古書の博物館」となった西尾市岩瀬文庫は、新収蔵庫で蔵書を最適な環境で保存するだけでなく、書物文化との出会いの場として、さまざまな取り組みを行っています。

閲覧室では、弥助の時代と同様に十八歳以上の方なら誰でも蔵書を手にとって読むことができます。常設展示室では、和装本《わそうぼん》の多様性や百万塔陀羅尼《ひゃくまんとうだらに》に始まる日本の印刷出版の歴史を紹介し、和本や絵図、巻子本《かんすぼん》（巻き物）などのレプリカに触れ、取り扱い方を学ぶことができます。また、蔵書をさまざまなテーマで紹介する企画展を年五回開催し、古文書講座、体験講座、講演会などを行っています。さらに近年では市内県内の小学校から大学までの体験学習の場としても活用され、古書の取り扱い実習や、和装本の作成実習、蔵書の中性紙保存箱の作成実習などの体験プログラムも増えています。

蔵書の活用と「市民の文庫」

もとより特殊文庫は「研究者のための敷居の高い施設」とのイメージが強く、資料の保存と公開の両立には難しい面もあります。しかし、貴重な書物がいくらあっても読む人がいなければ価値は無いも同然となり、忘れられた文庫は簡単に散逸してしまいます。「価値を広

常設展示室

にしお本まつり「西尾の古本市」

く認めて貰《もら》うことこそが文庫を守ることに繫《つな》がる」という過去の教訓から、岩瀬文庫は新しい「市民の文庫」を目指し、さまざまな取り組みを行っています。

その一つとして平成十八年にスタートしたのが「にしお本まつり」で、百年余に渡って岩瀬文庫を守り伝えてきた西尾を「本の町」として、広く市内外にアピールするおまつりです。十月二十七日の文字・活字文化の日にちなみ、毎年十月下旬の土日に岩瀬文庫と隣接する市立図書館を主会場に、本をテーマとする多彩な催しが行われます。なかでも目玉は県下の古書店が集まる「西尾の古本市《ふるほんいち》」で、日頃は静かな岩瀬文庫に古本を満載したワゴンやダンボールが所《ところ》狭《せま》しと並び、掘り出し物を探す多くのお客さんで賑わいます。ほかにも講演会や岩瀬文庫旧書庫の内部公開、図書館のリサイクル本の配布、岩瀬文庫所蔵の料理本から再現した「江戸時代料理教室」、そして日頃から岩瀬文庫や図書館で活躍するさまざまなボランティア団体による企画が数多く行われます。

こうした市民ボランティアの活躍も新しい岩瀬文庫の特長の一つで、今年活動六年目を迎える岩瀬文庫ボランティアは十代から七十代の五十二名が登録し、資料保存や広報、講座のアシスタント、催しの企画運営など、幅広い分野で文庫と市民の架け橋となって活動しています。

また、平成十二年より文庫資料の悉皆《しっかい》調査（責任者・名古屋大学大学院教授　塩村耕《こう》氏）を開始し、二十一年十一月には岩瀬文庫ホームページ上で「岩瀬文庫古典籍書誌データベース（試運転）」が公開されました。これは、書名や著者名、成立年だけではなく、その本の大まかな内容、旧蔵者の名前や蔵書印、奥書《おくがき》、書写識語《しょしゃしきご》、特徴のある書入れ、著者の伝記や他本との関連など、厖大《ぼうだい》な情報が盛り込まれ、キーワードによる横断検索ができます。研究者はもとより、日ごろ古典籍に親しみのない人でも、調べたい言葉を入力し、検出された本の書誌データを読むだけでも楽しめる画期的なものです。

そして、もう一つの試みが、本書に収録されている、二十年から始まった特別連続講座「史料から歴史の謎を読み解く」（初年度は「岩瀬文庫の古典籍の世界」）シリーズです。これは、独立行政法人日本学術振興会による科学研究費補助金（学術創成研究費）「目録学の構築と古典学の再生」研究グループ（代表・東京大学史料編纂所教授　田島公《いさお》氏）の全面協力のもとに開催されるもので、歴史、文学、考古学など、各分野の専門家を講師にお招きし、文庫資料や三河の歴史の謎について、独自の切り口で読み解いていただくものです。どの講師も市民にいかに分かりやすく伝えようかと苦心され、熱のこもったお話に、予定時間を大幅に超えることもあります。会場に溢《あふ》れんばかりに集まった聴衆からも、負けじと積極的な質問が飛びます。

新時代の文庫を目指して

岩瀬弥助が書物の公共利用と恒久保存の願いを込めて岩瀬文庫を設立してから、百余年の時が過ぎました。過去の歴史の中で、日本中に数多《あまた》建てられた文庫《ふみくら》の殆どが時とともに散逸してしまう中、岩瀬文庫に愛着と誇りを持つ西尾市民や、蔵書を評価し、世に伝えて来た研究者らの支援によって、岩瀬文庫は現在まで存続してきました。これは、当初から一般公開を旨とした文庫の基本理念と、先人の知恵や意思が込められた「書物」というものに対する周囲の人々の深い理解と希求の想いがあったからに他なりません。大切な文化遺産である蔵書の更なる活用と、これからの文庫の理想の姿を模索しながら、岩瀬文庫はさまざまな試みを重ねてゆきます。

（西尾市岩瀬文庫　神尾愛子）

【施設情報】

西尾市岩瀬文庫

開館時間　午前九時～午後五時（閲覧室は午後四時まで）

休館日　　毎週月曜日（月が祝日の場合は月火連休）・年末年始

入館無料

※資料の閲覧や複写サービスなどについてはホームページ
http://www.city.nishio.aichi.jp/nishio/kaforuda/40iwase/
をご覧下さい。「古典籍書誌データベース」もこちらからご覧になれます。
〒四四五-〇八四七　愛知県西尾市亀沢町四八〇
TEL：〇五六三-五六-二四五九　FAX：〇五六三-五六-二七八七
交通　鉄道／名古屋より名鉄西尾線「西尾駅」下車、徒歩20分またはタクシー10分
車／東名「岡崎I.C.」より約45分　国道23号線「小島江原I.C.」より約10分

あとがき

本書には、西尾市岩瀬文庫と独立行政法人日本学術振興会　科学研究費補助金（学術創成研究費）「目録学の構築と古典学の再生――天皇家・公家文庫の実態復原と伝統的知識体系の解明――」研究グループ（研究代表者　東京大学史料編纂所教授　田島公）とが共催した特別連続講座の講演より、五人の講演者に新たに書き起こしていただいたものを収載しました。最後にこの特別連続講座を共催した研究グループの活動と、この講座を実施するに至った経緯等を記して、編集のあとがきとさせていただきます。

独立行政法人日本学術振興会は、一九三二（昭和七）年に創設され、日本の学術振興の中核を担う機関として、科学研究費助成事業などの学術研究への助成や、特別研究員事業などの若手研究者養成を、研究者の自主性と研究の多様性を尊重しながら実施しています。科学研究費助成事業（学術研究助成基金助成金／科学研究費補助金）は、人文・社会科学から自然科学まで全ての分野にわたり、基礎から応用までのあらゆる「学術研究」（研究者の自由な発想に基づく研究）を格段に発展させることを目的とする「競争的研究資金」であり、ピア・レビュー（専門家による査読）による審査を経て、独創的・先駆的な研究に対する助成を行うものです。そのうち、学術創成研究費は、科学研究費補助金等による研究のうち優れた研究分野に着目し、当該分野の研究を推進する上で特に重要な研究課題を選定し、創造性豊かな学術研究の一層の推進を図ることを目的とした研究種目（期間五年・推薦制）です（以上、独立行政法人日本学術振興会のホームページより）。

田島公を研究代表者とし、東京大学史料編纂所に研究拠点を置く、科学研究費補助金（学術創成研究費）「目録学の構築と古典学の再生」［課題番号　一九GS〇一〇二］は、二〇〇七（平成一九）年度〜二〇一一（平成二三）年度の五年間、直接経費の総額四億七六〇〇万円の研究費の助成を受け、「日本独自の目録学」を構築し、「知のネットワーク」によって結ばれた天皇家を中心とした公家《くげ》社会の文庫群（＝データベース）の復原やそれらによって世代を超えて継承された伝統的知識体系を解明することにより日本古典学の研究基盤を再生するために、研究活動を行っています。簡単に申し上げると、前近代の日本の古典籍《こてんせき》や古文書《こもんじょ》が、ネットワークで結ばれた天皇家や公家・社寺の文庫群を通じて、写本《しゃほん》という形で伝えられてきたことに注目し、蔵書目録とデジタル画像を用いて、より簡単に古典籍や古文書等の史料を研究者のみならず、一般市民の方にも活用出来るような研究基盤を築くことを目標としています。更に古典そのものを学ぶ楽しさを学生や市民の方に広める活動もしています。

さて、西尾市岩瀬文庫と学術創成研究費による研究グループとの繋がりは、岩瀬文庫所蔵の柳原《やなぎわら》家旧蔵本のデジタル化や、同文庫所蔵の『官本《かんぽん》目録』（万治四年［一六六一］焼失する「官庫」＝禁裏文庫［天皇家の文庫］）の蔵書目録、田島公「西尾市岩瀬文庫所蔵『官本目録』」『禁裏・宮家・公家文庫収蔵古典籍のデジタル化による目録学的研究』［二〇〇二年度～二〇〇五年度科学研究費補助金　基盤研究A研究成果報告書］研究代表者　田島公　二〇〇六年に翻刻あり）の研究から始まりました。

柳原家は、藤原北家の日野家の分流で、鎌倉後期の公卿・日野俊光《ひのとしみつ》（文応元年［一二六〇］～嘉暦元年［一三二六］）の四男柳原資明《すけあきら》（永仁五年［一二九七］～文和二年・正平八年［一三五三］）を祖とする公家の家であります。特に柳原紀光《もとみつ》（延享三年［一七四六］～寛政一二年［一八〇〇］）は、編年体の歴史書『続史愚抄《ぞくしぐしょう》』を著すなど歴史編纂事業を行ったこともあり、歴史・文学の等の史料・日記・古典籍・古文書などの写しが多数柳原家に伝えられました。しかし、その蔵書は、現在、宮内庁書陵部《しょりょうぶ》と西尾市岩瀬文庫（もと京都帝国大学図書館に寄託されていたものを岩瀬文庫の創設である岩瀬弥助氏が購入）などに分蔵されています。

学術創成研究費の研究グループでは、分蔵された柳原家旧蔵本が、近世にどのような形態にあったのか復原研究をすると共に、岩瀬文庫所蔵の柳原家旧蔵本と宮内庁書陵部所蔵の柳原家旧蔵本の目録を田島公編『禁裏・公家文庫研究』第四輯（思文閣出版　二〇一二年三月）で公開します。また、岩瀬文庫と宮内庁書陵部とに分蔵される柳原家旧蔵本のデジタル化も終了し、近い将来、東京大学史料編纂所図書室のパソコンで、柳原家本のデジタル画像を全て見ることが出来るように準備中です。

一方で、西尾市を中心とした市民の方に古典研究の一端や古典を読み学ぶ楽しさをご理解いただくため、二〇〇八（平成二〇）年度から、西尾市岩瀬文庫と共催した、「岩瀬文庫特別連続講座」の中で、二〇〇八（平成二〇）年度（第八二回特別連続講座　全六回）では「岩瀬文庫の古典籍の世界」をテーマに、二〇〇九（平成二一）年度（第八七回特別連続講座　全六回）・二〇一〇（平成二二）年度（第一〇〇回特別連続講座　全五回）・二〇一一（平成二三）年度（第一〇八回特別連続講座　全五回）では、「史料から歴史の謎を読み解く」をテーマに、岩瀬文庫の地階研修室において（二〇一一年十二月一〇日の第三回講演のみ、西尾市吉良町公民館）、土曜日の午後一時半から、愛知県、主に三河地域の歴史・文学に関係のある演題で、合計二二回の講演会を行いました。毎回、熱心な講演のため、終了予定時刻の午後三時をしばしばオーバーし、質問時間を含めると午後四時を越えたこともありました。二〇〇九年度からは、毎回、会場の定員七〇名近くお越しいただき、定員を超えることもあり、別室でモニターテレビを利用した時もしばしばあったほどご好評いただきました（最高は吉良町公民館で行った時で、約三〇〇名）。

なお、二〇〇九年度から二〇一一年度まで、具体的には以下のような日程と講師・タイトルで実施いたしました（ゴシックは、本書に収録した講演を示す。なお肩書きは当時のものであり、※印は学術創成研究費の研究グループのメンバーを示す）。

◎二〇〇九（平成二一）年度　第八七回特別連続講座「史料から歴史の謎を読み解く」

第一回　二〇〇九年四月十一日（土）

田島　公（東京大学史料編纂所教授※）「『善光寺縁起のはじまり』――善光寺創建の謎を解く――」

第二回　二〇〇九年六月二十日（土）

原秀三郎（静岡大学名誉教授）**「持統上皇の三河行幸・再論――再び引馬野遠江説を言上げし、古代の東海地方を論ず――」**

第三回　二〇〇九年七月十一日（土）

浅見和彦（成蹊大学文学部教授）「三河のくにの街道風景と物語」

第四回　二〇〇九年九月十九日（土）

荒木敏夫（専修大学文学部教授・副学長）「古代播豆の地域史を探る」

第五回　二〇〇九年十一月二十一日（土）

山口英男（東京大学史料編纂所教授※）「尾張国郡司百姓等解と平安時代史研究の新潮流」

第六回　二〇一〇年一月二十三日（土）

金田章裕（大学共同利用機関法人　人間文化研究機構機構長・京都大学名誉教授※）「**古代三河の条里、国府、交通路**」

◎**二〇一〇（平成二二）年度**　第一〇〇回特別連続講座「史料から歴史の謎を読み解く」

第一回　二〇一〇年七月二十四日（土）

湯之上隆（静岡大学文学部教授）「今川氏再考～三河から駿河へ、栄枯の歴史をたどる～」

第二回　二〇一〇年九月十八日（土）

荒木敏夫（専修大学文学部教授）「**藤原仲麻呂の乱と西三河**」

第三回　二〇一〇年十二月十一日（土）

上野英二（成城大学文芸学部教授・文芸学部長）「伊勢物語・東下りの八橋」

第四回　二〇一一年二月十九日（土）

馬場　基（奈良文化財研究所主任研究員※）「**参河の海の贄木簡のかたること**」

第五回　二〇一一年三月二十六日（土）
松井直樹（西尾市教育委員会文化振興課長・西尾市岩瀬文庫長）**「丸山御所の時代——吉良氏と実相寺——」**

◎二〇一一（平成二三）年度　第一〇八回特別連続講座「史料から歴史の謎を読み解く　二〇一一」
第一回　二〇一一年七月二十三日（土）
山田邦明（愛知大学文学部教授）「戦国時代の三河」
第二回　二〇一一年十月十五日（土）
荒木敏夫（専修大学文学部教授）「穂国造と三河伴氏——西尾の古代を探る——」
第三回　二〇一一年十二月十日（土）　於西尾市吉良町公民館
山本博文（東京大学大学院情報学環教授）「なぜ吉良邸討ち入りが行われたのか——〝忠臣蔵〟の真実——」
第四回　二〇一二年二月四日（土）
服部英雄（九州大学大学院比較社会文化研究院教授・同院長）「秀吉をよみなおす」
第五回　二〇一二年三月二四日（土）

松井直樹（西尾市嘱託職員・元西尾市岩瀬文庫長）「西尾の三河万歳」

この度、会場にお越しいただけなかった方のために、二〇〇九年度と二〇一〇年度の特別連続講座の中から、第一冊目として、五人の先生方にご執筆いただきました。お忙しい中、本書への収録を快諾し、講演内容をもとに新たに文章化していただいた五名の講師の先生に厚く御礼を申し上げます。今回収録できなかった二〇〇九年度以降の講演も、今後、順次刊行出来ればと考えています。また、二〇〇八年度の講演内容に関しては、岩瀬文庫所蔵の柳原家本を中心とする書誌的な内容のものに関しては、別に編集し、柳原家本の目録学的研究の成果を増補して刊行したいと考えています。

なお、学術創成研究費と岩瀬文庫との共催による特別連続講座は、学術創成研究費による研究プロジェクトが二〇一二年三月末で終了するため、一旦、幕を閉じますが、申請中の後継の科学研究費補助金が採択された場合、すぐに再開し継続していきたいと考えています。

特別連続講座の運営に関しまして、共催していただいた西尾市岩瀬文庫の方々、とりわけ前文庫長の松井直樹氏・現文庫長の大西顕司氏、神尾愛子氏・林知左子氏を始めとする学芸員の皆様や司書及びボランティアの方々の御尽力によるところが大きく、毎回、恙無く開催できましたこと、厚くお礼を申し上げます。

最後となりましたが、厳しい出版事情の中、出版の趣旨をご理解いただき、このような初めての試みを実現させていただいた笠間書院及び短い期間で編集を進めて下さった編集部の重光徹氏に深く感謝の意を申し上げます。

田島　公

本書は、二〇〇八年度～二〇一一年度科学研究費補助金（学術創成研究費）「目録学の構築と古典学の再生——天皇家・公家文庫の実態復原と伝統的知識体系の解明——」（[課題番号　一九ＧＳ〇一〇二] 研究代表者　東京大学史料編纂所教授　田島　公）の研究成果の一部である。

編者

田島　公（たじま　いさお）
1958年、長野県生まれ。1986年、京都大学大学院文学研究科博士後期課程中途退学。宮内庁書陵部陵墓課陵墓調査室員・同編修課皇室制度調査室員（実録編修室兼務）・同編修課皇室制度調査室主任研究官を経て、1997年、文部省に出向、東京大学史料編纂所助教授。2006年、東京大学史料編纂所教授（現在に至る）。
専門　日本古代史・日本目録学。
編著書　『禁裏・公家文庫研究』第１・２・３・４輯（共著、思文閣出版　2003年・2006年・2009年・2012年）。
主要論文　「禁裏文庫の変遷と東山御文庫の蔵書—古代・中世の古典籍・古記録研究のために—」（大山喬平教授退官記念会編『日本社会の史的特質』古代・中世　思文閣出版　1997年）、「典籍の伝来と文庫—古代・中世の天皇家ゆかりの文庫・宝蔵を中心に—」（石上英一編『日本の時代史』30　歴史と素材、吉川弘文館、2004年）、「尊経閣文庫所蔵『無題号記録』解説」・「尊経閣文庫所蔵『春玉秘抄』解説」（前田育徳会尊経閣文庫編『無題号記録　春玉秘抄』［尊経閣文庫善本影印集成第49輯］　八木書店　2011年）。

史料《しりょう》から読《よ》み解《と》く三河《みかわ》　西尾市岩瀬文庫特別連続講座《にしおしいわせぶんことくべつれんぞくこうざ》

2012年３月９日　初版第１刷発行

編　者　田　島　　公

装　幀　笠間書院装幀室

発行者　池　田　つ　や　子
発行所　有限会社　笠間書院
東京都千代田区猿楽町2-2-3［〒101-0064］
NDC分類：210　電話　03-3295-1331　Fax　03-3294-0996

ISBN978-4-305-70585-3 印刷／製本：シナノ
出版目録は上記住所または http://kasamashoin.jp/ まで。